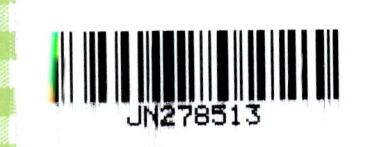

Petit Book Recipe

プチブックレシピ　リトルプレスの作り方

yojohan 著
APOLLO KEIKAKU-inc. 編

マイコミ
毎日コミュニケーションズ

Petit
Book

有名シェフが手掛けた豪華なケーキより
小さな女の子がはじめて作った
不格好なクッキーの方がずっと心に残るように

時には「本」も
そんな人の手を介したものが
輝いてみえることもあります。

アイデアを練って、材料を集めて
折って、切って、貼って、綴じるという工程で作るブックレシピ。
かわいくラッピングして、どこかの誰かの元へ届ける。
なんだか、お菓子作りに似ていると思いませんか?
楽しいアイデアをボウルに一杯詰めこんで
さあ、おいしい本作りのスタートです。

text & design yojohan

yojohanとは?
デザイナー生野朋子と酒井理恵子2名による紙工作プロジェクト。制作の過程を自分達も楽しみ、手にとった人を、ちょっと驚かせたり、楽しませたりできるような本作りに励んでいる。製本はもちろん、撮影の小道具も手作りしたり、コツコツやることに夢中。
yojohan bookを制作販売中。http://www.yojohon.com

Petit Book Recipe

プチブックレシピ
リトルプレスの作り方

Contents

Chapter.1
本作りの基本と流れ

Chapter.2
yojohanの本作り

Chapter.3

オリジナルブックレシピ

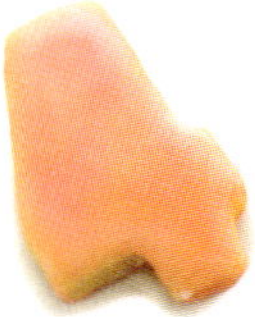

Chapter.4

本のお取り寄せ

Chapter.5

本作りデザインのポイント

Chapter.6

本からはじまるエトセトラ

Chapter.1　本作りの基本と流れ

お菓子を作るように本を作ろう

自分で本を作りたい
だけど、なんだか難しそう……
そう感じるのは自然なこと。

はじめは、紙と鉛筆で
たった一冊の本を作るのにも
何度も失敗して、途中で投げだしたくなるかもしれません。

けれど
クッキーが焼けるまでの間
オーブンをのぞきこみながらドキドキする
あの感覚を楽しむように

本が形になっていく
その過程を楽しめたのなら
本作りは決して難しいものではなくなるはずです。

お菓子を作るように
本を作ろう

そんな気持ちをまずはカップ一杯準備して。

これも本、あれも本、それも本!!

This is a book.
These are books.
These kinds of things are books, too!!

「本」と聞いてどんなものを思い浮かべますか?
ハードカバーにソフトカバー、文庫に図鑑に雑誌……。
書店で見かけるいわゆる「本」も、もちろん大好きだけど
せっかく自分で作るなら
目で見て、手で触って、読んで、感じて、楽しい一冊に。

このプチブックレシピでは
一般的に「本」とよばれている単行本や文庫本などとは
違った形の本を提案していきます。

基本は紙を使っていて、折りや綴じなど
何かしらの製本がなされているもの。

そして何かひと手間、手から生まれるエッセンスを加えれば
小さな本は、たちまち自分らしい一冊に。
さあ、自由な発想とちょっとしたアイデアで
新しい形の「本」を作ってみましょう。

プチブックとは?

限られた場所でのみ販売されている、個人や団体が独自で発行している小冊子。少部数だったり、手製本であったり、独自の世界観が詰まったそれらは、「リトルプレス」「ミニコミ」「リトルマガジン」と、よび名も様々。本書のタイトルでは「プチブック」という言葉を用いていますが、基本的にはどれも、同じような意味合いのものです。ただ作り手や読み手によって、そのニュアンスは微妙に異なるため、本書ではあえて統一せず、作り手の意向をそれぞれ汲んだ言葉選びになっています。
※Petit Book(プチブック)は造語です。

本作りの工程

では、実際の本作りの流れを説明します。
1 ～ 6「ブックレシピを組みたてる」と 7 ～ 10「本を形にしていく」という大きな2つの柱で進めていきます。
全体の流れを把握したら、本のレシピ作りのはじまりです。

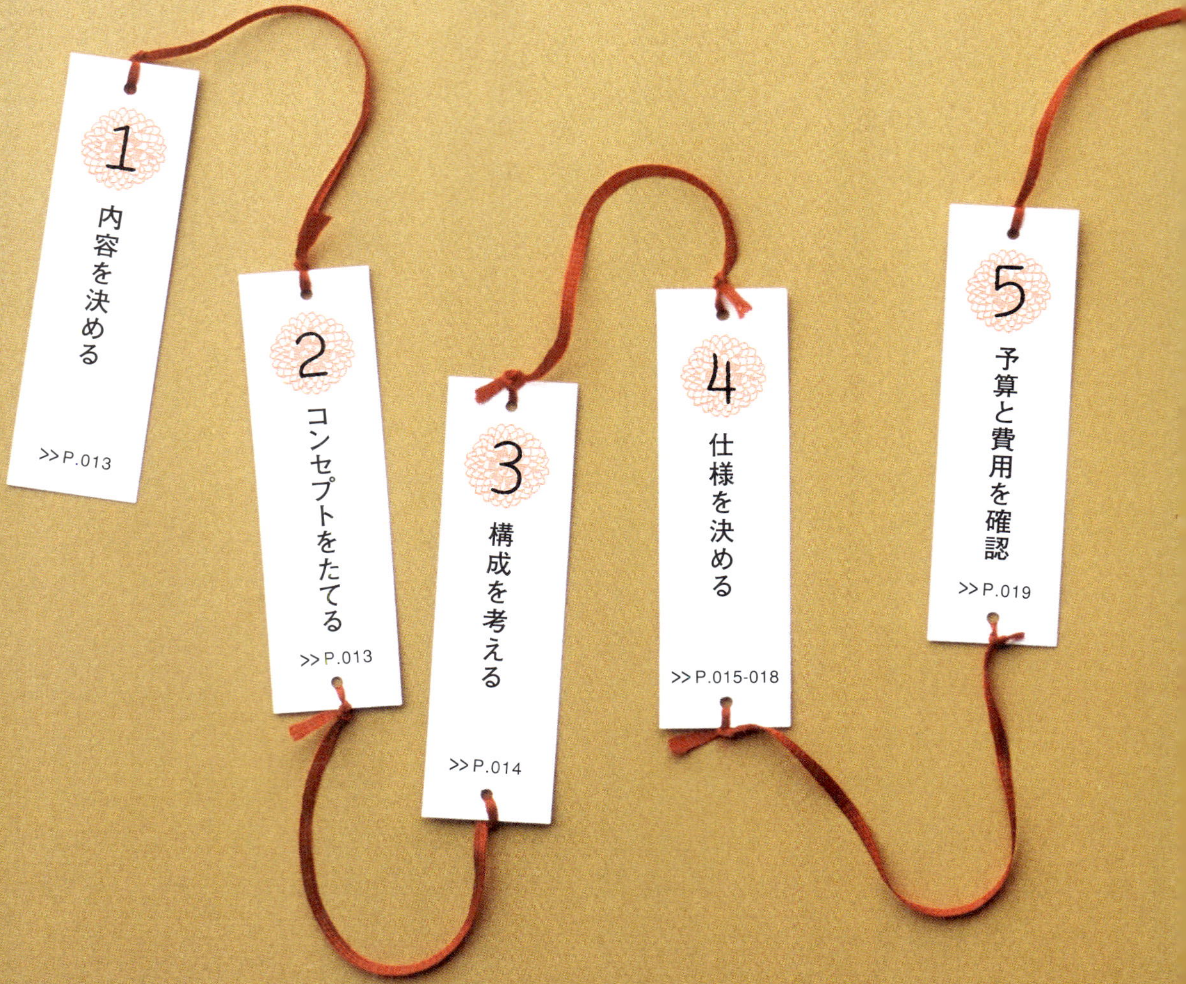

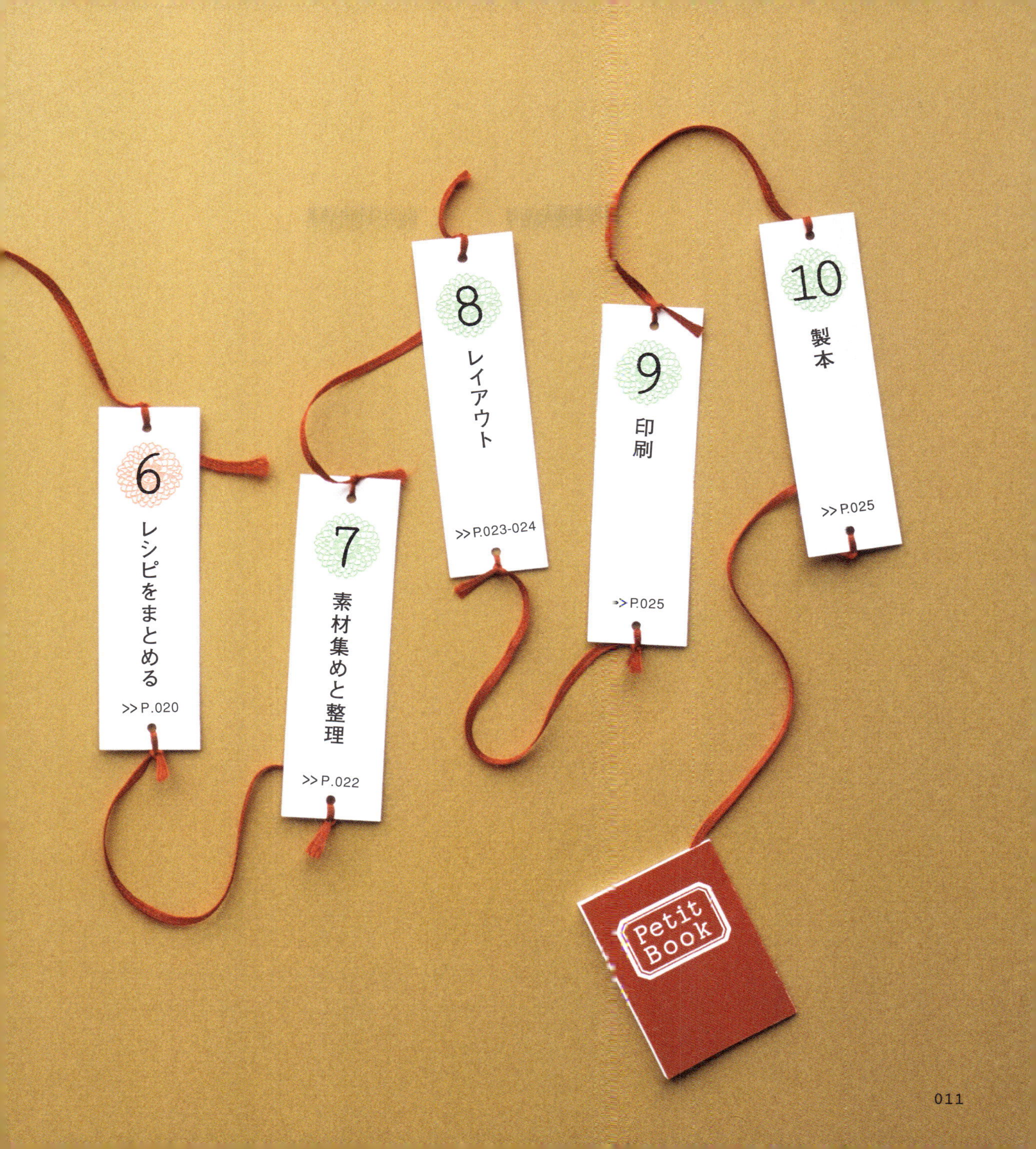
6
レシピをまとめる
>>P.020
7
素材集めと整理
>>P.022
8
レイアウト
>>P.023-024
9
印刷
>>P.025
10
製本
>>P.025
Petit Book

Write your own recipe!!

～ブックレシピを組みたてる～

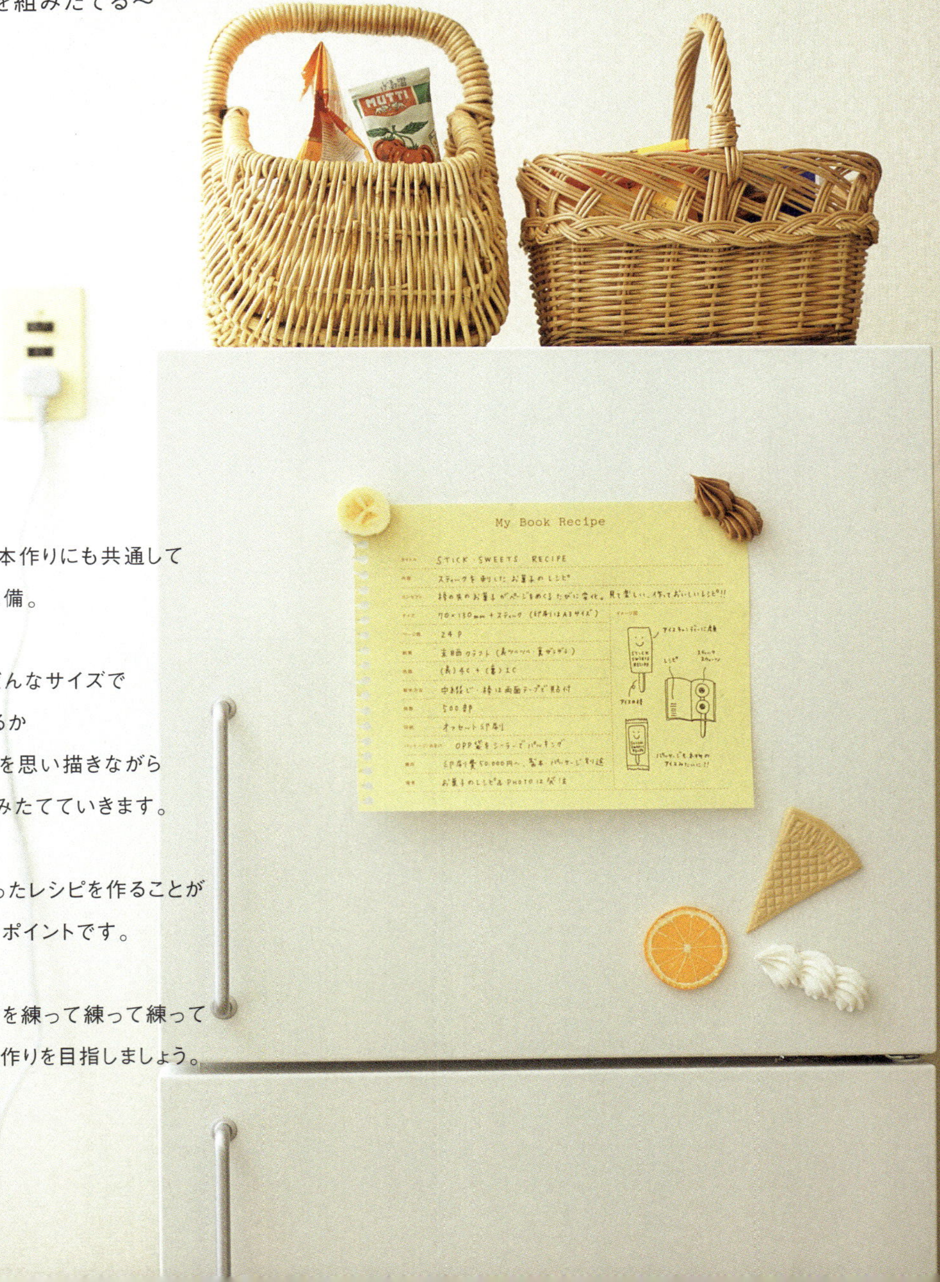

お菓子作りにも本作りにも共通して
大切なのは下準備。

どんな内容で、どんなサイズで
どんな作りにするか
作りたい本の形を思い描きながら
本のレシピを組みたてていきます。

コンセプトの通ったレシピを作ることが
本作りの重要なポイントです。

そして、アイデアを練って練って練って
味わいのある本作りを目指しましょう。

1 内容を決める

レシピの基本は、まずは何の本を作るのか？
イラスト集、写真集、読みもの、絵本、詩集、レシピ集、マンガ、ビジュアル本……。
伝えたいもの、表現したいものが何なのか、基本の内容を決めます。

2 コンセプトをたてる

どんな内容のものを作るのか大枠の型が決まったら、具体的なコンセプトをたてます。

ひとつのことをつきつめたり、あるキーワードでいろんなモノを集めたり……。
伝えたい何か、ひとつのことをテーマに制作することが主流です。
今までにない切り口のコンセプトで、より面白い作品を目指しましょう。

そしてコンセプトをたてたら、本のタイトルも考えます。
わかりやすいもの、新しいもの、響き、字の並びも考慮して。
シリーズ化する場合は、特にその号のコンセプトだけでなく、
今後続けるにあたって内容から外れることのないよう、注意が必要です。

コンセプトの明解なリトルプレス

以下のリトルプレスは恵文社一乗寺店（http://www.keibunsha-books.com/）ほかで購入できます。売り切れの場合もございます。ご了承ください。

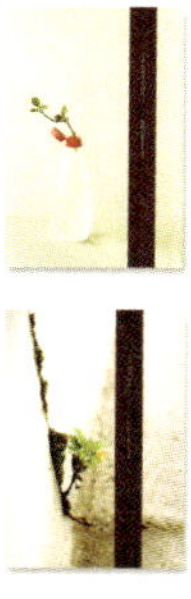

くさかざりのほん ことばのほん（各¥630）
かわしまよう子 著

『さんぽのほん』『なまえのほん』『ごみのほん』……と日々の様々な出会いを本にしているかわしまさん。この2冊の本も、草花を捨てられていくモノに飾ってみたり、短くも芯のあることばを綴ってみたり……。そう、コンセプトは日常のすぐ側にあるのです。

http://www.ne.jp/asahi/higashi/kaze

LETTERS・MAPS SIGNS（各¥1050）
POSTALCO 著

タイトルそのままのコンセプトをもつユニークなミニブック。郵便にまつわるもの、迷い人を救ったであろう個性あふれる走り書きマップ、そして強いメッセージを放つ手書きサイン、とそれぞれのコンセプトで、世界中から集められたビジュアルが並ぶシンプルで美しい本。

http://www.postalco.net

br（¥800）
ワインツーリズム山梨 著

山梨でないとできない！ というこの雑誌のコンセプトはずばり「山梨ワイン」。山梨県産の葡萄100%のワインをフィーチャーし、そのワイナリーを訪問し、作り手とふれあい、地域を散策する。そんな山梨ならではの休日の過ごし方を提案。関連イベントを行うなど、さらに楽しい展開にも期待大。

http://www.yamanashiwine.com

さあ、軸が決まったら、コンセプトから外れない誌面作りが重要になってきます。

3 構成を考える

次にページ構成を練ります。
「サムネイル」というものを作って、全体の構成をバランスよく考えます。
写真や文章の位置・順番などレイアウトも考慮して、必要な素材を洗いだしていきます。

『STICK SWEETS RECIPE』(>>P.053)のサムネイル

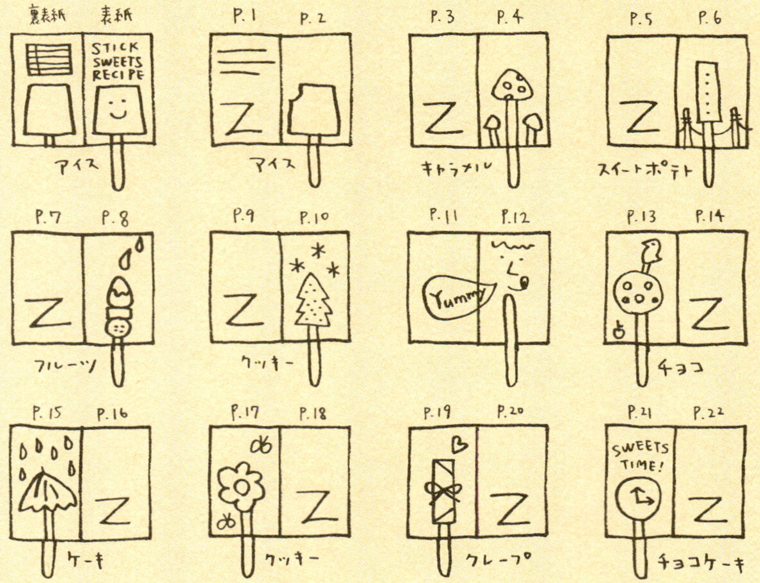

[ページ構成のポイント]

・文字組みが横組みの場合は左開き、縦組みの場合は右開きが基本です(図1)。
・二つ折りの製本の場合は4の倍数のページ数になります(図2)。
・メインの写真を見開きで見せる、コラムを間に挟む、目次や奥付※をつける、紙を途中で変えるなどページの使い方も工夫が必要です。

※奥付とは巻末に入れるクレジットのページ。書名、著者、発行者、印刷会社名、発行年月日、価格、発行部数、シリアルナンバーなどを記入します。

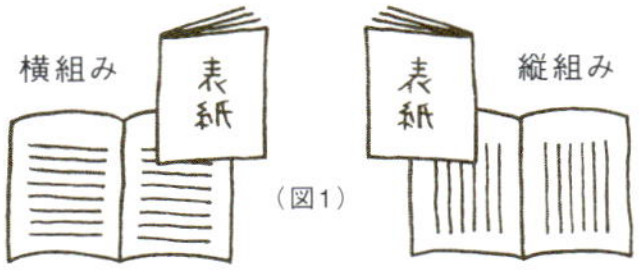

(図1)

(図2)
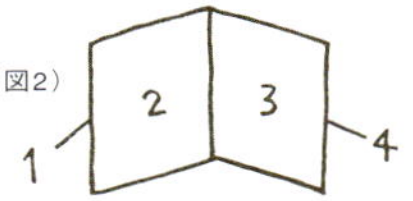

4 仕様を決める

そして、その本をどんな仕様にするのか？　何ページで、どんな形、色数、綴じ方、何部作る？　紙や印刷はどうする？
パッケージ、おまけもつける……。まずは思いつく限り、いろんな形状を考えてみましょう。
ミニチュアサイズでも、見本を作るとページ数などの間違いが防げます。

仕様を決めるポイント①

印刷方法

部数や製本方法によって印刷の方法も異なります。ベストな印刷方法を選びましょう。

［費用］安　［部数］少 …… ［費用］高　［部数］多

家庭用インクジェットプリンターで出力

少部数・製本は自分で
自分で印刷・製本できる範囲の部数であれば。

紙は普通紙。耐久性も問わない
プリンターに応じて使える用紙も限られます。インクが水に弱いので、濡れるとにじんでしまうことも。

オンデマンド印刷（出力センター）

パソコンでコントロールできる印刷機によって、データを元に直接印刷します。

少部数ですぐに印刷してほしい
1部～の小ロットの印刷可能。納期も早く仕上がります。部数が多いと逆に割高になることも。

紙質や印刷品質はそこまでこだわらない
基本的に選べる紙の種類が多くはありません。ただし、紙を持ち込むことができる場合もあります。
印刷品質は、コピー程度からオフセットレベルまで様々。

オフセット印刷

水と油の反発を利用する平版印刷の一種で、大量の印刷が可能。現在最も一般的な印刷方法のひとつ。原稿から版下を制作し、版面からいったんゴムシリンダーの表面に転写して、紙に印刷します。

●インターネット入稿による印刷

インターネットを通じて、発注・入稿を行います。直接会ってやりとりできないため、細かい注文ができないこともありますが、印刷費が格安な場合も。写真などの色味にこだわりたい時は、本印刷前に色味の確認（色校正）ができるか事前に問い合わせしましょう。

100部以上の印刷で、基本的な紙質や厚さは選びたい
印刷会社にもよりますが、100部前後からのロットで受け付けています。需要の多い一般的な紙質は選べます。探せば、紙のラインナップが幅広いところもあります。

●近隣の印刷会社に発注する

細かい打ち合わせをしながら、入稿ができます。紙見本や色校正を見せてもらったり、凝った仕様も受け付けてくれたり、ある程度の費用を見越して、しっかりしたものを作るという時にはオススメ。

仕様も凝って、印刷から製本まで全て任せたい
自分ではできない綴じや加工など、仕様にこだわるなら、お任せできるので安心です。

増刷の可能性もある
何度も同じものを刷るなら、版をある程度の期間保管してくれる印刷会社を選んで。

印刷方法は他にも活版印刷やグラビア印刷などがありますが、仕上がりのイメージを印刷会社さんに相談して、決めていくのが一番安心で確実です。

仕様を決めるポイント②

形状いろいろ

見た目や、本を読む上で重要になってくる形。
サイズや綴じ、折り、特殊な加工で本の印象は大きく変わってきます。
例を参考に内容、構成に則した形状を決めましょう。

手作業でできる製本・加工

部数がそれほどない場合は、
手作業してコストダウンしましょう。

中綴じ

表紙と中面を重ねてセンターをステープラーや糸で綴じて二つ折りにします。

中綴じ（段違い）

中綴じの応用編。サイズ違いの紙を一緒に綴じます。

平綴じ

二つ折りにした中面と表紙を重ねて背の部分をステープラーでとめます。

ポップアップ

中面に切りこみを入れて、ひらいた時に飛びだすように。

単語帳型

同じ大きさに切った紙にパンチで穴をあけ、リングでとめます。

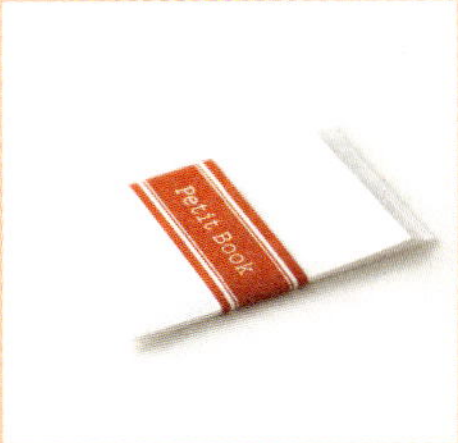

帯どめ

中面を重ねたものや小さく折り畳んだものを、長い帯でぐるりと巻きます。

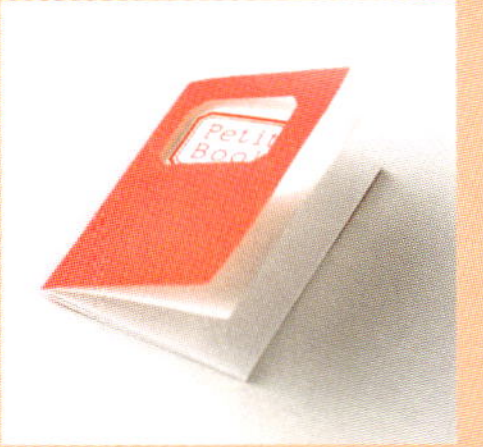

窓あき

丸や四角などカッターで切って、下のページを覗かせます。

印刷会社や製本会社にお願いしたい製本・加工

複雑な製本や加工はプロにお任せしましょう。印刷会社に印刷から製本までお願いする場合もあれば、印刷からあがってきた刷り上がりを、製本会社に渡して製本してもらうことも。加工や製本は、会社によって金額や仕上がりが違うので、見極めて上手にお付き合いしましょう。

上製本

本格的な製本方法。中身を糸かがり、または接着剤で固めて綴じ、ひとまわり大きく頑丈な表紙で中身を保護します。表紙は布や革でくるむなど、上質な作りです。表紙と中身とのサイズの差を「チリ」とよび、上製本だけの特徴。豪華な製本をお望みなら。

無線綴じ・あじろ綴じ

2種とも並製本のことで、針金や糸など使わずに製本します。無線綴じは中身の背を裁ち落としてのりづけし、表紙を貼り合わせます。あじろ綴じは中身の背に、数ミリ間隔で切り込みを入れて、のりを浸透させた上で、表紙を貼り合わせます。

和綴じ

紙を重ねて、目打で穴をあけ、刺繍糸で綴じます。

巻き三つ折り

一枚の紙を三つに巻き込むように折ります。A4なら長三封筒にぴったり。

じゃばら折り

山折りと谷折りを繰り返す折り方です。まるでアコーディオンのよう。

観音折り

紙の両端を内側に折ったものを、二つ折りに。観音扉のような折りです。

巻きもの

細長い紙をくるくると巻いて、帯やヒモ、ゴムなどでとめます。

ケース入り

袋状の表紙を作ったり、既存の封筒やプラスチックケースなど利用して。

箱入り

厚紙で手作りできますが、部数が多いなら、既存でサイズが合うものを探して。

がんだれ表紙

表紙を中面より横長くして、そでの部分を折り返します。

PP貼加工

ポリプロピレン（PP）に接着剤を塗り、熱風乾燥した後、それを印刷面に重ねて熱で圧着します。キズや汚れから紙を守り、耐久性にも優れているので強度が増します。光沢のある「グロス」とつや消しの「マット」から選べますが、「マット」の方が割高です。

ニス引き・ビニール引き

ニス引きとは、用紙の風合いを残しながら、光沢感をだすために、樹脂塗料を表面に塗る加工方法です。高光沢性のUVニスもあります。ビニール引きは塩化ビニールなどを塗って、ツヤを与えます。保護力はニスよりもビニールの方が優れています。

プレスコート

印刷物の表面に鏡面光沢をつけます。ビニール引きしたものを熱プレスし、冷却すると、ツルツルとしたツヤが表面にコーティングされます。折るとヒビが入りやすくなるので、注意が必要です。また、他の表面加工と同様に、色調が変わる場合もあります。

箔押し・エンボス・トムソン加工

箔押しとは、金・銀、色箔などを熱と圧力で印刷面に転写する加工方法で、ロゴなどに高級感を与えます。エンボスは、圧を加えて表面を凸状に浮き上がらせるものです。特定の形に型抜きするトムソンで、ページの一部や本全体の形をカットする加工も。

仕様を決めるポイント③

色数

フルカラーのページはCMYKの4色のインキを使用します。
モノクロ1色と比べると、インキ代はどうしても割高。
表4色、裏1色というように、使い分けることも。
1色でも、DICカラーガイド※など色見本からインキを選べば
モノクロとは違った味わいになります。
予算次第で、蛍光色や金銀などの特色を選んで、インパクトのある色合いに。

※DICカラーガイドとは？
大日本インキ化学工業発刊の色見本帳。色の指定や色合わせに利用されています。

仕様を決めるポイント④

部数

必要な部数を目的に応じて決めましょう。
部数によって、印刷単価がダウンすることもあるので
印刷会社に見積もりをお願いする際は、何パターンか部数違いで金額をだしてもらいましょう。

仕様を決めるポイント⑤

紙質

紙の種類、厚さを決めます。紙の種類もたくさんあるので、まずは優先事項を決めましょう。
コストを削るのか、質感を重視するのか、
インキの色味のあがり具合（特に写真集などは重要）なのか。
インキの乾き具合も異なるので、でき上がりまでの納期や
ページ数や製本方法によっても向き不向きがあります。
予算とイメージを伝え、印刷会社さんに相談するのがベストです。
紙見本も見せてもらいましょう。

［用紙例］ 以下の例を参考に用途によって紙を選びましょう。（紙の種類>>P.111）

- 写真などの画像をきれいにだしたい。光沢のある紙がいい……………**コート紙・アート紙**など
- 落ち着いた風合いで、ツヤ感がない方がいい…………………………**マット紙**など
- 本文ページに使用するのに、薄くても透けにくいもの…………………**上質紙**など
- あえて発色を重視せず、ザラザラした新聞紙のような質感の紙………**更紙《ざらがみ》**など
- 表紙まわりには、多少高価でも特殊な紙を使いたい……………………**ファンシーペーパー**など

5 予算と費用を確認

部数や仕様に応じて、かかってくる費用は大きく異なってきます。
内容や目的にもよりますが、何号も続けていくためには売ることも視野に入れて。
ただし販売を想定したとしても、売れない限りお金は入ってきませんので、
無理のない予算組みが本作りを続けていく上で重要になってきます。
部数次第ですが、製本はできる限り自分で作業すると、費用は大幅にダウンします。
予算とのバランスを考えながら、もう一度仕様を見直しましょう。

費用				
	○印刷費	○製本代	○材料費	○パッケージ費
	○紙代	○撮影費	○イラスト費	○etc......

印刷見積もりの取り方

印刷会社にFAXかメールで見積もりを依頼します。

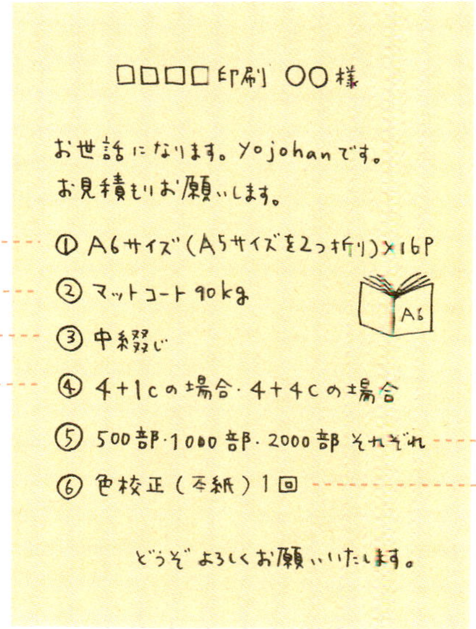

□□□□印刷 ○○様

お世話になります。yojohanです。
お見積もりお願いします。

① A6サイズ（A5サイズを2つ折り）×16P
② マットコート90kg
③ 中綴じ
④ 4+1cの場合・4+4cの場合
⑤ 500部・1000部・2000部 それぞれ
⑥ 色校正（本紙）1回

どうぞよろしくお願いいたします。

① サイズ、ページ数を明記。

② 紙質を指定。わからない場合は「うすくて、ツルッとしたもの」など、どんな紙が希望か伝えます。

③ 製本方法。自分で製本する場合は不要。

④ 色数を指定します。フルカラーの場合と色数を減らした場合、それぞれの額を聞いておくと予算をオーバーした際に、仕様を再検討できます。
※4+1C（表カラー・裏1色）
4+4C（表裏カラー）

⑤ 数量も何パターンかだしてもらって、予算内で単価が納得いくものを選びましょう。

⑥ 色校正（実際の紙で見本を刷ってもらい、写真や色の感じを確認します）のありなし。そのほか、納品先の住所が遠方の場合は送料も変わるので必ず明記を。具体的にどんなものを作るのか伝えておくと、紙質やサイズなどいろいろ提案してくれる印刷会社さんもあります。また予算がある場合は先に伝えておくとスムーズです。

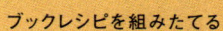

6 レシピをまとめる

ここまでで、下ごしらえは完了です。
書きこみ式レシピで作りたい本の最終形を思い描きましょう。

My Book Recipe

タイトル

内容

コンセプト

サイズ

ページ数

紙質

色数

印刷方法

部数

製本方法

パッケージ・おまけ

費用

備考

イメージ図

Handmade Booking!!

～本を形にしていく～

作りたい本の形が見えたら
次のステップは、いよいよ「手」の出番です。
絵を描いてみたり、文章を綴ったり
大切に集めた素材をレイアウトして製本したり……。

あなたらしさをだすのに不可欠な「手」の作業。
ちょっとの工夫とひと手間で
あなただけの一冊がその手から生まれるのです。

クッキーの型抜きが楽しくて仕方なかったのは
手元から星やお人形や動物が次々と生まれるから。

本作りもきっと同じ。
子どもみたいに、夢中になって
ペンでカキカキ、ハサミでチョキチョキ。

7 素材集めと整理

実作業として、まず取りかかりたいのは素材集め。
写真集を作るなら写真、イラスト集ならイラスト、そして原稿を書いたり……。
もうすでに素材が揃っているという場合も
いったん整理をして、誌面のバランスを確認します。
また、雑誌の切り抜きや本の中の誰かのコメントなど引用する際には注意が必要です。
著作権を侵害する恐れがあるので、流用の許可が必要です。

特にビジュアル素材は誌面のイメージを大きく左右するので
どんなテイストでどんな本を作るのか
それによって、集める素材の方向性も決まってきます。
同じモチーフでも、撮り方、描き方で印象は大きく変わるので、素材選びは慎重に!

例えば、同じ犬でも……

一眼レフのデジカメで撮影
被写体にピントをあわせて背景をぼかしたり。

セピア調で懐かしい雰囲気に。

ポラロイドカメラで撮影
ピントが甘く、色調もやわらかな写真が撮れます。

トイカメラで撮影
思いがけない色やぼんやり感のある写真が撮れることも。

鉛筆で手描き
落書き風で「ヘタ」も「味」のうち(!?)に。

ソフトでお絵描き
なだらかな曲線で描けば、POPな印象に。

そして、各素材は自分で準備する場合もあれば
イラストレーターさんや写真家の方にお願いすることもあります。
こちらで意図したものを発注する場合は、きちんとお仕事としてお金をお支払いするのが基本ですが
作品、モノ作りとして協力してもらえそうな人に声を掛けるのが理想的です。
お互いどんなものを作りたいのか、意見を合わせた上で楽しんで作りましょう。

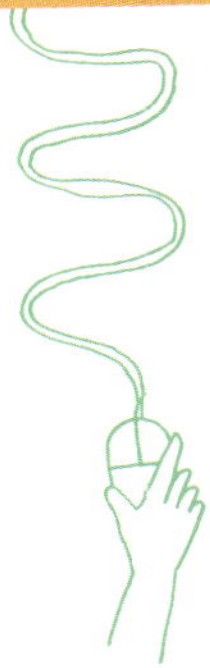

8 レイアウト

素材が揃ったら、レイアウト開始です。
一冊だけ作るという場合は、直接写真を紙に貼って、ことばも直に書いて……という作業も考えられますが
ここでは、複数作るためにもパソコンでレイアウトして印刷することを基本とします。
使用するソフトも様々ですが、Adobe社の「イラストレーター」「フォトショップ」を使用します。

○イラストレーター……ページレイアウト作成の他、イラストや図形、ロゴなど素材の制作にも大活躍。
○フォトショップ……写真やイラストなどの画像の加工や補正、合成などに使用します。
詳しくはhttp://www.adobe.com/jp/

レイアウト作業は大きくわけて次の通りです。

素材の取り込み

写真やイラストなどの素材をパソコンの中に取り込みます。
スキャナーで読み込む場合、きれいに印刷するために解像度※が実寸で350dpi必要です。
また、デジカメで撮影する際も、高画質に設定することをオススメします。
イラストレーター上に配置するため、フォトショップでEPS画像・カラーモードCMYKに変換します。
必要に応じて画像の色調補正を行います。（色調補正>>P.051）

※解像度とは？
きめの細かさを表す指標。単位はdpi。1インチの中にいくつのドットがあるかを表すもので、解像度が低いと印刷した時に、モザイクのような荒い画像になってしまいます。（解像度の確認>>P.051）

表紙まわり

タイトルロゴを制作して、表紙十裏表紙をデザインします。
どんな冊子か、中身の雰囲気がわかるようなデザインに。

表紙に入る主な要素は
・タイトル　・号数
・サブタイトル　・特集タイトル……などです。

タイトルのみ、写真を使う、イラストを使うなどデザインも様々ですが、
タイトルはインパクトのあるロゴを用いたり、
色を工夫するなどして目立たせましょう。

予算が合えば表面加工やカバー・帯をつけるなど豪華な仕様に。

表紙まわりは本の顔となる部分です。
キャッチーで、手に取ってもらえるような工夫を考えましょう。

シリーズでだすことを考えている場合は、メインビジュアルをどんなものにするか、年間を通して考える方がベター。季節的な要素や色合いのバランスをあらかじめ考慮することができます。

本文ページ

本文のページは、写真集やイラスト集などであれば、作品が何点も並ぶ構成になるので
単調にならないように、画像のサイズを変えるなど工夫が必要です。
（画像のレイアウト>>P108）

また、雑誌のように特集記事や、インタビュー、コラムなど複数のコーナーで構成される場合は
基本の書体や文字組みは統一しながらも、それぞれのページを特徴づけていきます。
全体のトーンを合わせながら、楽しくて読みやすいページレイアウトを目指しましょう!

B6サイズ
36P（すべてカラー）
中綴じ製本 ¥650
編集・執筆／野崎泉
デザイン／堀口努
共にunderson
http://www.underson.com/bibliomania/

レイアウトが素敵なリトルプレス

gris-gris 03 パリでブックハンティング!

パリでのブックハンティングの戦利品の古本紹介に、インタビューなど、本をめぐる旅路にワクワク！　写真が踊る楽しい誌面に飽きることなく読み進んでしまいます。

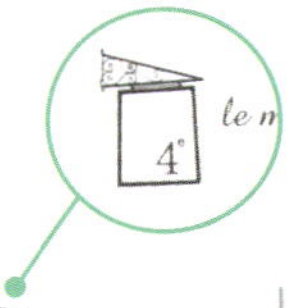

古本の1～12の
通し番号も可愛らしく
デザインされています。

序文と最初に購入したというマップの紹介。
実際のマップを背景に使ったデザイン。

フランスの古雑誌「LiSETTE」を紹介。
カラフルな誌面をちりばめた楽しいページです。

同じく、「LiSETTE」の表紙が並んでいます。
きれいに整列した中で一冊大きく目立たせてメリハリを。

インタビュー記事は写真が大きく、今までのページと
イメージを変えながらも、デザインのテイストは統一。

入稿用データ制作

用紙にそって面付けをしたり、断裁や折りのラインを指示するトンボをつけるなど、
入稿できる状態にします。（印刷会社に入稿する際の確認ポイント>>P.052）

9 印刷

さあ、いよいよ本が形になる段階にやってきました。
先に決めた印刷方法で必要な部数を印刷します。
入稿の際には、色数・部数・サイズ・ページ数・紙質・納期などの確認事項を印刷会社にきちんと伝えましょう。

印刷の工程（オフセット印刷・4色フルカラー・色校正ありの場合）

①入稿 → ②製版 → ③校正刷り → ④校了 → ⑤刷版 → ⑥印刷 → ⑦断裁 → ⑧納品

①入稿データを印刷会社に渡します。
②4色分版フィルムが出力されます。最近はデジタル化が進み、フィルムを出さずにコンピューターで処理することも。
③色調などチェックするための校正紙が届けられます。　④校正が終了し、修正がすべて完了します。
⑤実際に印刷機に取りつける版が作られます。　⑥印刷工程に進みます。　⑦指定サイズに断裁されます。
⑧刷り上がりが納品されます。問題ないかすぐにチェックしましょう。

10 製本

刷り上がりが届いたら、
少部数で複雑でない場合は、折りや綴じの製本作業は自分達でやってしまいましょう。
製本はずばり、yojohanの得意とするところです。

簡単にできるのは、折りのほか、中綴じやリング綴じなど。
さらにプラスワンのアイテムを加えるのもオリジナリティがでて楽しいものです。

製本作業のコツ

□カッターの刃はまめに替えること。切れ味が悪いと仕上がりが汚くなります。
□三角定規を使いこなすこと。カッターで垂直に切りたい時など便利です。
□ムダのない作業を心掛けること。効率のいいやり方でサクサク進めましょう。
□製本で仕上がりのレベルが変わってきます。どんな工程も丁寧に！

細かな技は次章以降にて。ひとまず、制作の流れはこれで完了です。

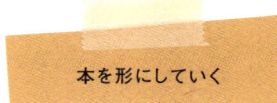

Interview

本のヒトに聞く 誰かさんのための本作り

山村光春さん（BOOKLUCK）

「ハムのヒト」と聞いてあの人を思い浮かべてしまうように、「本のヒト」と聞いてパッと浮かぶ人物。私にとってその人は、ライター山村光春さん。仕事として本に関わられていることはもちろん、リトルプレスを制作したり、本作りのワークショップを行ったりと、その本づくしの姿に「本のヒト」称号を勝手に授与。そして山村さんが関わってきたリトルプレスのお話を伺いながら、「本のヒト」が目指す「ヒトのための本作り」を学んだのでした。

伝えたいことのある人の本を作るのが好き

山村さんが今までに携わってきた本の数は、ご本人が「うーん」と首を傾げる程に膨大。山村さんが言葉を綴ったもの、好きなものを集めたもの、友達と集まってサークル活動のように作ったもの……。作っても作っても、また作る。本を作る欲求にゴールはないと言わんばかりに、数々のタイトルを生みだしています。「BOOKLUCK PUBLISHING ROOM」というリトルプレスレーベルを設立し、今後も続々とリリース予定。その原動力はいずこから？　まずは商業出版という形だけではなく、リトルプレスとして自ら本を作られている理由を伺いました。

「リトルプレスというのは、商業出版と違って感覚的なものが軸になります。衝動が形になるというか。しかもワンテーマにすることが多いので、思いが入れやすく、伝わりやすいんです」。山村さんの本は、自ら著者となる場合もあれば、料理家の方や、イラストレーター、ショップのオーナーなど様々な人との合作と

Yamamura Mitsuharu

雑誌『Olive』在籍を経て、2000年フリーのライター・編集者に。現在は書籍や雑誌、カタログなどの企画・編集・執筆の他、リトルプレスの制作や本作りのワークショップ開催など、本にまつわるエトセトラな日々。2007年春に「旅」と「都会と田舎の往復暮らし」をテーマにしたリトルプレスを2冊リリース。http://www.bookluck.jp

いうものも少なくありません。「きっかけは人との出会い、そういうことは多いですね。何か伝えたいことがある人の本を作るのが好き」

例えば、福岡のカフェ「ソネス」のオーナー木下さんと作り上げた『SOME TENDERNESS』（b）。「あなたが好きなひとにしてあげたいこと」をテーマにしたショートストーリーに、レシピ、写真、イラストが満載。この本は、ソネスファンだけでなく、まだソネスを訪れたことのない人にも木下さんの思いを届けるためのもの。本の先に人を見据えることで、“読みモノ”から“伝えるモノ”へと変化するのです。

溜め上手になること

そして、もうひとつ本作りのヒントを教えてくれました。それは“溜める”ということ。「今はインターネットが盛んになって、簡単にその日にあった出来事をすぐにブログなんかで表現できる時代。発表の場があるということは、とても素晴らしいことだけど、思いを巡らせて、それを溜める時間は、本を作る上できっと大切」

思いつきや空想、ふっと頭をよぎったもの。ひとつひとつはすぐには形にならなくても、溜めて溜めて、大切にしまっておくことで、抑えていた気持ちが強いアクションを生む。形になるまでのそのタイムラグは、本の魅力を高めてくれるはず。そして今に至る経緯。「空想が形になる、その楽しさを知ってしまった時から、僕は本を作ることをやめられなくなってしまった！」

存在感のあるパーソナルな本作り

さらにネット社会で改めて本の立ち位置が明確化される今、より感覚を呼び覚ますものを求めていきたいという言葉にもとても共感しました。「本と雑貨の垣根が下がってきて、お互いが寄り添い合っている、そんな本が増えてきています。形や触り心地だったり、モノとして存在感のある本を作りたい」

読ませるための機能美と、本を超えたモノとしての価値観を備えた本。それは、きっと読み捨てられることなく、そばに置いておきたいという所有欲を抱かせる。そうして自分の手から生まれた本をどこかの誰かが大事にしてくれる。本を通じて、たくさんの人と繋がっていく感覚は、次へのステップを自ずと踏ませてくれます。

そして、またどこかの誰かのため。いつの間にか、自分が楽しいからと思ってはじめた本作りは、誰かのことを語り、その読み手を思う。ヒトがいることではじまり、終わるという優しいサイクルに。そうして形になった本達は、どれも山村さんらしさで溢れています。それは、きっとヒトを思うことで、よりヒトに近付いた、山村さんの人格をもつ本として、読む人の心に響いているからと、ここに告白するのでした。

a.

b.

c.

d.

e.

a．山村さんがはじめてリトルプレスという形で制作に携わった「SUMMER STORE」。鎌倉フリーク達から生まれた愛の結晶。　b．「SOME TENDERNESS」は本文の中でも登場した福岡のカフェのエピソードブック。人の数だけ、胸をつく物語がそこに。　c．田舎と都会、どちらとも関わりながら暮らす人々。新しい価値観に共感して作ってしまった、そんな本「Base」。　d．「大年と大阪をつなぐ」は中国のちいさな刺繍の村へ訪れたことからはじまった。そこでゆさぶられた気持ちが本となり、中国語版も無事村に届けられましたとさ。　e．同じく、「大年　刺繍の村から」は旅の様子を2人の視点で綴った本。オリジナルバッグのポケットにおさめられた文庫サイズ。大切に紡がれた刺繍の村の物語を連れて、どこかに出掛けたくなります。　>>>すべての本のお問い合わせはBOOKLUCK（http://www.bookluck.jp）

Chapter.2 yojohanの本作り

yojohan's Book Kitchen

Welcome!
こちら、yojohanのブックキッチンです。
ブックレシピでアイデアに詰まったというアナタも
本作りの楽しみがまだよくわからないというアナタも

どんなモノを
どんな形で
どんな風に作っているのかな?

yojohanのブックレシピをつまみ食い!

今までに発行したyojohan bookのメイキングを覗いて
レシピの組みたて方や仕様のポイントなど、どうぞご参考に。

yojohan book vol.001

4 1/2

いろんなものを4つと半分に
かたわれはどこへ？

yojohanのはじめての本作りは
正方形の小さなビジュアルブック。
リンゴも、鉛筆も、カエルも、時間も
なんでもかんでも、4つと半分にしてカメラでパシャリ！
自然に「1・2・3・4…と半分」と指折って
そのリズムの心地よさに、つい何度もページをめくる。
そんな本になってたらいいなと思うのでした。

4 1/2 Apples
www.apollo-keikaku.com/yojohan
4 1/2

MATILDE
CLASSIC

15

コンセプトを固める

全24ページの中に、とにかくいろんな4と1/2を収集!

アイデアを練る

どんな4と1/2があったらいいか？　ポイントは半分になって面白いもの。例えば、靴下の片方がどこかへいっちゃったり、食べかけのドーナツなど、かたわれの半分を思わせるようなイメージを広げます。

素材を揃える

メインの4と1/2のアイテムはもちろん、ホットケーキをのせるお皿、下に敷く布、毛糸の写真には白熊のスノードームと、メインのアイテムをさりげなく引きたてる小物も揃えて。

隠し味ポイント

この本は、写真メインのビジュアルブックなので、なにより撮影が重要。カメラはポラロイド690を使って、太陽の光が適度に入る場所で撮影。時には、外にも飛びだして、リンゴの写真は近くの公園へ、靴下の写真は青空のもと、屋上で。そして、お魚のままごとセットは砂場にて。モノが一番素敵に見える場所を探してあちこちへ!

Making

1. アングルや小道具を変えて撮影したポラを見比べて、使う写真をセレクト。

2. 今回は正方形の冊子なので、写真のトリミングも真四角に。レイアウトは大小つけて、ホワイトスペースをいかします。

3. 印刷はB4用紙、表裏フルカラーで2枚。効率よく製本できるように面付け※を工夫（下参照）。

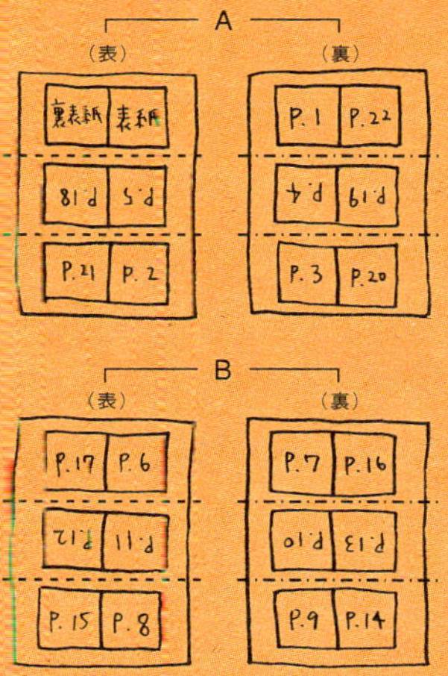

※「面付け」とは、製本仕様に基づいて折っていった時に、ページの順番に並ぶよう各ページを配列することをいいます。

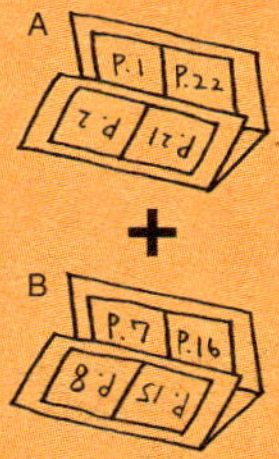

三つ折りしたAとBを重ねる。

4. 製本は手作業で中綴じ。

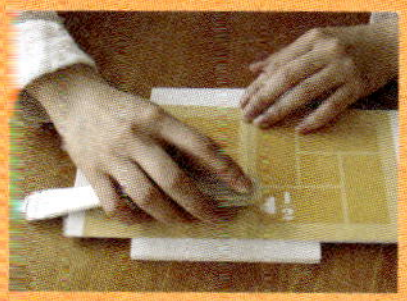

重ねたものをステープラーでとめて。

2つ折りにして断裁。

2004.12.24発行／W110×H110mm・表裏カラー・24P／PRICE ¥450（tax in）

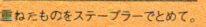

yojohan book vol.002

Hunting Project

あざやかな緑の芝生に包まれた
マニアなマイ・コレクション!

第2弾のyojohan book、まず目にとまるのは
本の常識を覆すインパクト大の人工芝カバー。
大事に包まれたそのカバーを外すと
現れるのは、"ビヨンビヨン"!
そう、公園で見かけるスプリングの付いた遊具です。
ポラロイドでのビヨンビヨン捕獲劇は丸3年の年月をかけて
個性あふれる34頭を閉じこめたコレクションブックに!

#25
@Shinjuku central park
#23
@Shinjuku central park
新宿ガメ。
Hunting Project
$4\frac{1}{2}$
#04
@Kaizuka-danchi
名古屋章似。
#34
@Uenoshiba-cho Jasmine square
もはや、未確認生物。
藤子不二雄メインキャラの平均値と見たね。
#27
@Amsterdam
これってピョンピョンではないんだけどね。
ま、せっかくだから旅の記念に。

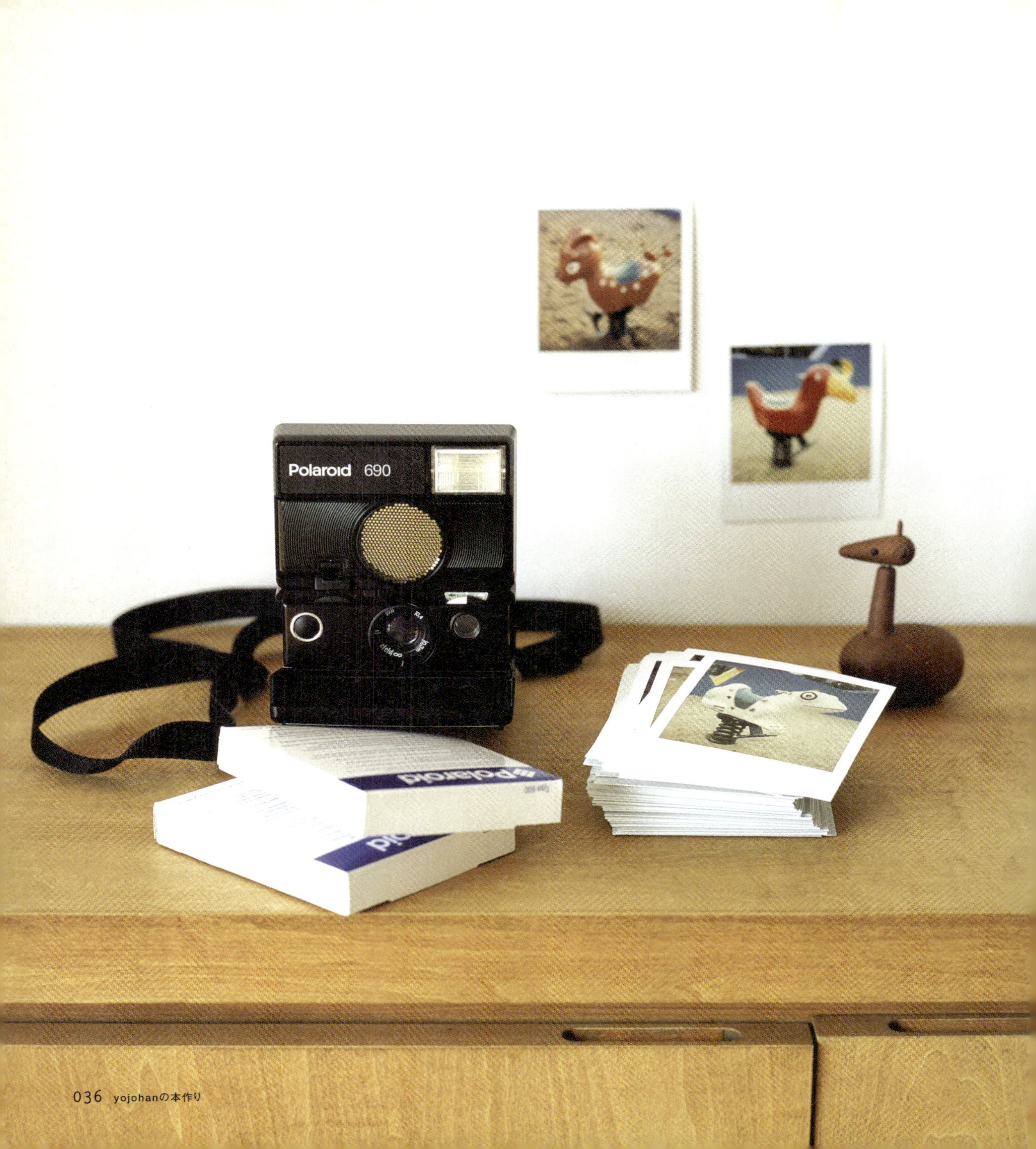
Polaroid 690
Polaroid

コンセプトを固める

公園に潜伏する、個性あふれる“ビヨンビヨン”を探してポラで撮影した写真を一冊にまとめる！

アイデアを練る

今回はカバーがポイント。ただ目立たせたいからという理由ではなく、ビヨンビヨン→公園→芝生→人工芝！　という流れで思いついたアイデア。

素材を揃える

素材はもちろん“ビヨンビヨン”。ありったけの公園をまわるほか、コレクターものの心得は、まず周囲への「探しています」アピール。うっかり賛同して協力してくれる人が現れるものです。そして、遠方に行く時などカメラを常備すること。出会いというのは突然やってくるものですから。

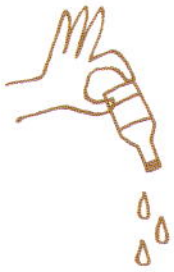

隠し味ポイント

今回も大活躍のポラロイドカメラ。デザインもポラロイドのフィルム風にして、やや厚めの紙を使用しました。表は写真で4色、裏面はモノクロで捕獲の日付けをいれました。A3サイズに12枚を面付けしたものを3枚。全部で36枚のカードです。そして、あまったスペースでタグとおまけのyojohan card（>>P.042）を印刷。紙をムダにはしない、エコなデザインです。

Making

1. 捕獲した“ビヨンビヨン”を34枚に序文とあとがきのカードをそれぞれ1枚。A3サイズに面付け。あまったスペース（斜線部分）にはタグとおまけ。

2. 印刷があがったものをひたすらカッターで切ります。

3. 順番に並べます。

4. ホームセンターで購入した人工芝もひたすら切ります。

飛び散る人工芝を掃除機で吸い取りながらの作業……。

5. ゴムとタグを準備。

6. 36枚をカバーで巻いてゴムでとめます。

7. のりでタグをゴムにつけて完成！

2004.12.24発行／（中）W86×H105mm・表カラー、裏モノクロ・36P（カバー・人工芝）W190×H110mm＋ゴム／PRICE ¥600（tax in） yojohan book vol.003

DIARY

壁に飾れる本
日めくりカレンダーのようなダイアリーブック

新年から、4ヶ月と半月が過ぎ、季節は春。
4.15のその日を勝手に「ヨジョーハンの日」と名づけ
全国から54名の日記を集めました。
主婦、デザイナー、本屋、編集者……と職業も世代も様々。
それぞれに訪れたヨジョーハンデーを、一枚一枚めくりながら
これからもずっと、みんなにとって4.15が素敵な一日であるように
そんなことを思うのでした。

土曜日
[SAT]
APRIL
15
DIARY
平成十八年
4月
ヘリコプターの日
よいこの日
お菓子の日
中華の日
遺言の日
yojohanの日
4$\frac{1}{2}$
きょうがみんなにとって、
すてきな1日でありますように。

4月15日(土) ずーっと雨

今日は私の誕生日である。きっとサムシング・スペッシャルな出来事が待っているはずだ。外は肌寒く、冷たい雨が降りしきっているが…。
「今日、酒井さん、誕生日なんですよ〜」打ち合わせ先で同行の植村さんが周囲に触れまわってくださる。祝辞を強要される人々の反応は鈍い。もはや、いくつになったか誰一人尋ねようとはしない…。徳川五代将軍綱吉は「生類あわれみの令」を出し、犬を大事に保護したそうな。21世紀となった今でもその掟は受け継がれているのか？人々は"負け犬"にあわれむ。
なんてったって今日は私の誕生日である。植村さんにお寿司をごちそうになり、職場のみんなからプレゼントをいただく。そうそう。こうでなくちゃ。
今日は私の誕生日なのだが、労働に勤しむうちに日が暮れ、焦りがつのる。ミラクルもサプライズもいっこうに訪れず…。
言っておくが、今日は私の誕生日である。つつがなく終電にて帰宅。家にはいくつもの花束が…!!届いてもない。ははーん。もうじき電話が鳴るはずだ。「おめでとうございます！一千万円獲得です！」「もしもし、石油王です。ウチの嫁にこないか！」日付けが変わるまであと5分…。

4月15日(土) 雨

今日は久しぶりに朝から台所に立った。
きのうのお誕生会にケーキを焼けなかったから、Sちゃんに1日遅れのバースデイケーキを焼いた。クリームチーズココアタルト。きのうはピンクのプレゼントに囲まれてとってもうれしそうだったなー。

2つ目は、がんばっているYちゃん家族にカスタードプリンを焼いた。卵色のプリンに金色のキャラメルをたっぷりかけた。

3つめは、今朝電話でこっそりかわいい乙女心を聞かせてくれたRちゃんのためのケーキ。パルミジャーノのシフォンケーキ、少し甘めの生クリームもたっぷりぬった。ほろ苦いカカオの小鳥はどんなメッセージを届けたのだろう。

すべてを届け終わり、夜はじゃけんメンバーでレセプションの打ち合わせ。思ったとおり、食べて、飲んで、笑って、（泣いたりもして）、打ち合わせはまったく進まず1時半を過ぎておひらきに…

いろんな人のいろんな想いに触れた長い一日だったなー。
帰り道、雨もあがり空を見ると月がものすごくまぶしい光を放ってた！
きのうのTちゃんの言葉がふとよぎった。

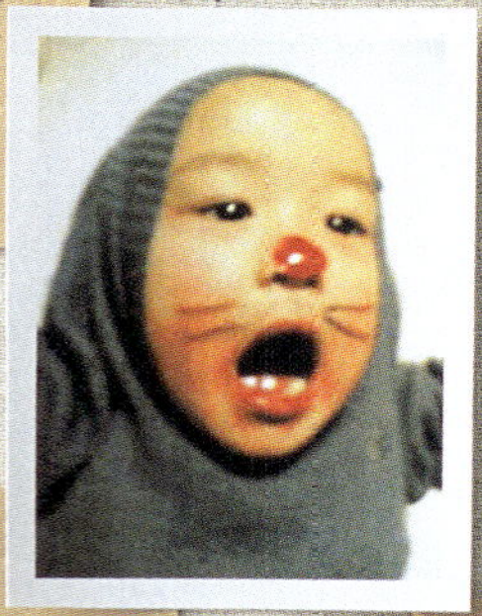

4月15日(土) 雨

休みの日はいつも、息子モンド（2才）のフライングボディアタックで目覚める。今日はモンドが先週入園したての保育園の遠足で、動物園に行く…予定だったのだが、朝からの雨で遠足は中止になってしまった…なんとウラメシイ。ヨメちゃんが朝の6時からハリキって作ったお弁当も、結局は家の中で普通に食うしかない。昆布の入ったおにぎり、エビフライ、からあげ、卵焼き、タコさんウインナー、アスパラのベーコン巻、そして、遠足や運動会のお弁当には何故か必ず入っている謎の定番メニュー「チクワの穴にキューリを詰めたヤツ」等々。家の中で食ってもお弁当はウマイよそりゃ。でもこれが晴れた日の外だったらもっと…そう思うとさらにウラメシイので、まだ昼前だけど缶ビールをプシュッと開けた。食後、ふざけてモンドの顔に筆ペンでヒゲを描いてドラえもんにしてやったら、あまりにもカワユイんでゲラゲラ笑った。こんな珍獣は動物園にゃいないよなあ。後はこのまま昼寝して一日のんびりと終わるのもいいかな、と思ったんだけど結局は雨の中をドライブ。リサイクルショップでナイスな三輪車をリーズナブルにゲット！帰りに「味楽」でお好み焼き食って本日の家族サービスはすべて終了。そんな日。

4月15日(土) 雨

雨の音で目が覚めた。今日は大博ボランティア当番日。雨模様とあっては客足も鈍いだろう、などと考えながら起床。午後に韓国語勉強会があるので久しぶりに弁当を作って貰い、本日は文字通りの「手弁当」で開館間際に滑り込む。降り続く雨の中、結構お客さんが入ってくる。韓国の少人数の団体を引率してきた若いガイドの青年と話す。日本語初歩者の韓国青年と怪しい韓国語の日本爺さまがロビーで交流。このあとの予定は、ハウステンボス見学だとか。雨の中ご苦労様。「アンニョンヒガセヨ！」入り口に近いショップの「今週の針聞書《はりききがき》」コーナーのワゴンに「脾臓の虫」のぬいぐるみが詰め込まれている。白くて勾玉みたいな体形に真っ赤なとさかのようなものを頭に載せて、くるりとした目に赤いストライプが二本。東洋医学資料「針聞書」のなかに出てくる絵よりは愛嬌があって可愛らしい。このあと韓国の客人は現れず暇になる。午後は、姜《カン》先生による韓国語講座。経済博士で韓日経済研究所所長という肩書きの割りには気さくな先生で、婦人達のリクエストに応え済州島産のゆず茶を仕入れて来てくれた。種も混じった素朴な品だ。済州島のオモニが手作りで作っている光景が目に浮かぶ。約一キロ入りの瓶一ダース重かったことでしょう「カムサハムニダ」発音を繰り返しながらの二時間の講座はあっという間に終る。これにて本日の大方の行事は終了。

コンセプトを固める

4.15の日記と、ビジュアルをひとつ。それから共通の質問事項（起きた時間や、最初に食べたもの、しゃべったことばなど）の答えを集める！

アイデアを練る

もともと、木目の台紙は想定外。製本してみると案外寂しく、何を足せばいいのか頭をひねりました。壁にかけるイメージということで、木目の厚紙を急きょ印刷。あるのとないのでは印象が全然違います。

素材を揃える

今まで、原稿や写真など基本的に自分達で集めていましたが、今回は54名を巻きこんだ日記プロジェクト。面白い一日を過ごしてくれそうな友人に声をかけ、さらに友が友を呼び、知らない誰かさんからも日記が送られてくることに！

隠し味ポイント

表紙は日めくりカレンダーのようなデザインに。さらに日記を並べるだけでは単調なので、4.15をキーワードにしたビジュアルを間に挟むことに。ケーキに4.15のロウソク、4.15の本日のランチ、4.15が賞味期限の缶詰め……とポラ撮影。他にも、4.15に起きた歴史的出来事をまとめたページも制作するなど、ヨジョーハンデーにまつわることを詰めこみました。

Making

1. まずは大事な原稿集め。うっかりさんにはさりげない催促で、なんとか人数分収集。

2. 本文はモノクロA6×56P。合間に挟むビジュアルはカラーでA6×8Pをそれぞれ印刷します。

3. 印刷があがったものを、順番に並べ替え。結構な重労働です……。

トレーニングをかねて
サーキット風に
机をぐるりと
一周してみたり……。

キャスターつきのイスに
座ったまま移動してみたり……
作業に飽きないよう工夫。

4. センターに合わせてパンチで穴あけ。

5. 木目の台紙も穴あけ。パンチだと奥行きが足りないため、ハトメ抜きでひとつひとつ穴をあけます。

ハトメ抜き・ゴム板は
レザークラフトのお店などで
購入可能。

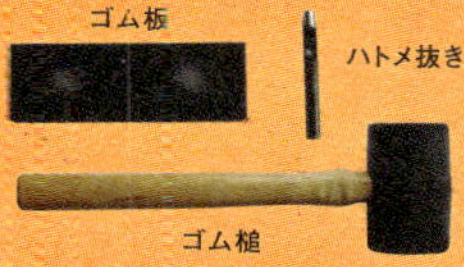

6. 台紙とともにペーパーファスナーで綴じて完成！

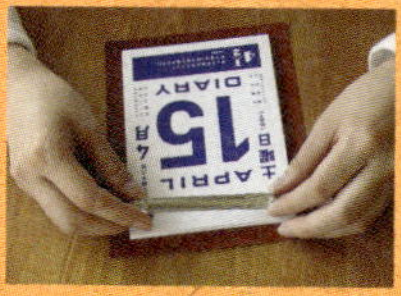

2007.1.1発行／（中）W105×H148mm・表のみモノクロ・56P、表のみカラー・8P（台紙）W134×H175mm＋ペーパーファスナー／PRICE ¥700（tax in）

fullhonist～ふるほにすと～

yojohanはネット古本屋さんもやっています（http://www.yojohon.com）。購入いただいたお客さんにプレゼントしている「ふるほにすと」。古本に関するフリーペーパーです。A4サイズを本文と目録に切りわけて、折りだけで文庫本のようなデザインに。しかもスピンを一本一本のりづけしています。他の古本屋さんとの共同目録で、販促ツールとしても効果あり。

Take Free!

yojohanが作るフリーペーパー

yojohan book以外にも
フリーで配るツールをいろいろ作っています。
本を売らせてもらっているお店に置かせてもらったり
ネットで買ってくれたお客さんに同封したり……。
プラスアルファのおまけにもこだわって
もらってうれしいアイテムを作りましょう。

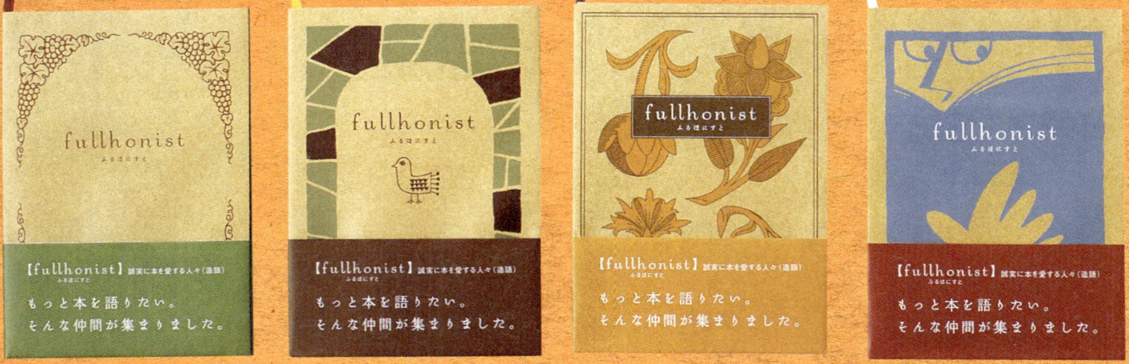

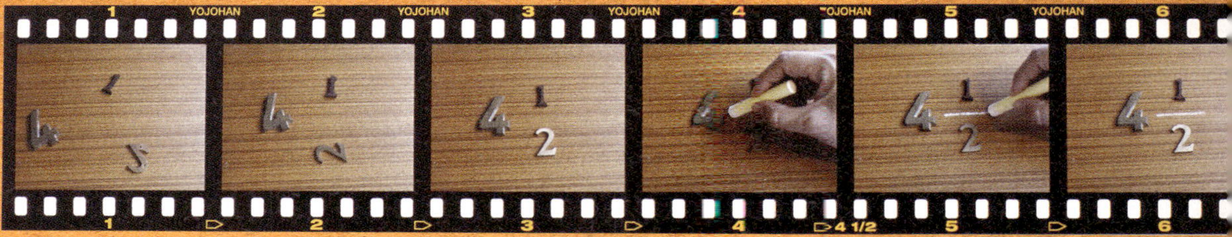

yojohan card

yojohan book vol.002制作の際に一緒に作ったカード。ホームページアドレスを記載して、yojohanを知ってもらうために作ったはじめてのフリーペーパーです。印刷スペースを上手に使えば、印刷費も浮くので、作らない手はないでしょう。お店に置かせてもらうことを考えて、あまり邪魔にならないサイズにすることも大切です。

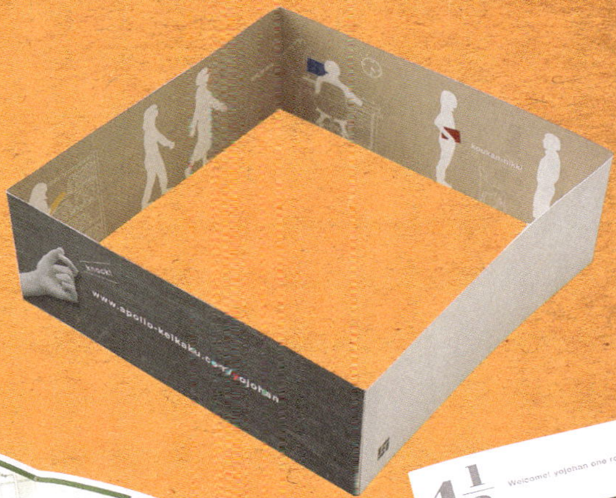

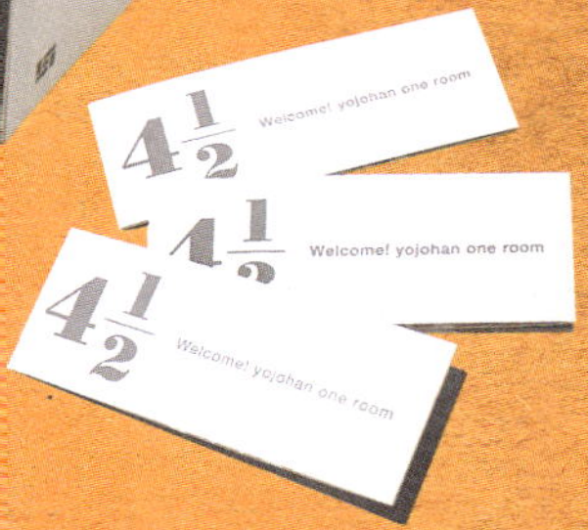

BOOKUOKA～ブックオカ～

yojohanのフリーペーパーではありませんが、2006年に福岡で行った本のイベント「ブックオカ」のリーフレットです。E3サイズの誌面にはイベント内容や福岡の本屋マップ、コラムなど。書店を中心に3万部配付しました。これだけの枚数の印刷費を自費では支払うのは難しいので、広告枠を設けて協賛を募集。コンパクトな折りで、イベント当日にに、このリーフレットを片手に街を歩く人の姿があちこちに。

Chapter.3 オリジナルブックレシピ

Book Recipe

本とお菓子作りの違いをあげるなら
同じレシピで作っても
中身は十人十色
でき上がる本は、作り手の数だけ。

内容も異なれば、作りたい形も、綴る言葉も違うから
その手から生みだせば
それは、世界でただひとつのあなたの本。

このブックレシピをきっかけに生まれた誰かの素敵な本を
いつか、どこかで見れるといいなあ。

4½
A PEEP
AT THE BAGS.

STICK
SWEETS
RECIPE

book recipe

#01

STICK SWEETS RECIPE

Collaboration with Mari Kagiyama,Takashi Hisatomi

あま～いが一杯ささった棒つきレシピブック

作り方 >>P.053

book recipe

#02

女へん

Collaboration with oshow

女へんに傘、女へんに泡……
袋綴じの中に潜むその正体は!?

作り方　>>P.056

作り方　>>P.058

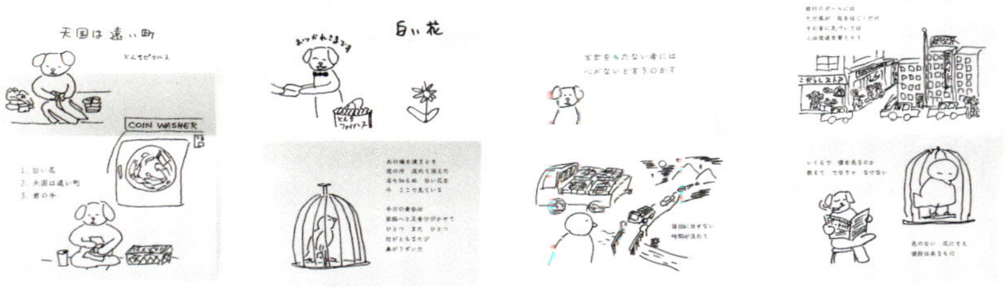

book recipe

#03

tissue

Collaboration with tonchi pickles

一枚ずつ引きだして読む
ちょっと切ないティッシュブック

はじめに レイアウトガイド

yojohanのオリジナルブックレシピの作り方に入る前に
作り方の流れや、使用アプリケーションの必須のツール、印刷会社への入稿注意点を確認しましょう。
レイアウトには「イラストレーター」、画像加工には「フォトショップ」を使用します。
※操作画面はMacintoshですが、Windowsにおいても操作方法はほとんど同じです。

作り方の流れ

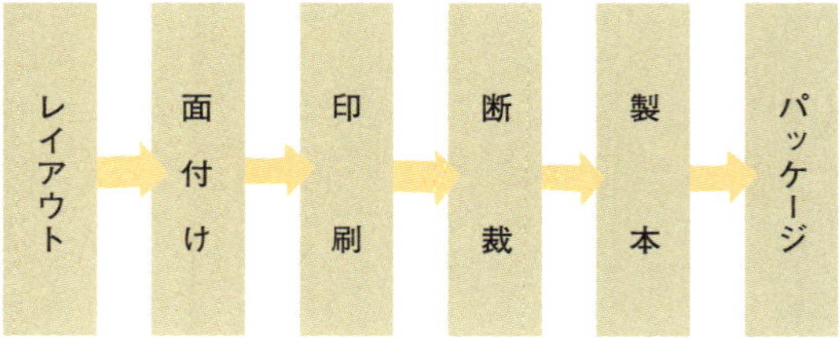

まずは、写真やテキスト(文章)などをレイアウトしますが、内容は人それぞれ違うので、ブックレシピの細かな説明は「面付け」以降をメインにご紹介します。レイアウトの際に使用頻度の高い以下のアプリケーションツールは事前におさえておきましょう。

※レイアウトは誌面をデザインしていくこと。面付けは、そのレイアウトを印刷・製本するために並べ替える作業です。
※アプリケーションの操作はバージョンによって異なります。詳しくはアプリケーションのマニュアルをご覧ください。

Application Guide

1 Illustrator

レイアウトでよく使うイラストレーターのツール(バージョン8.0の場合)

□画像の配置

写真などの画像を配置します。配置したい画像を、EPS保存しておきます。なるべくイラストレーターのファイルと同じフォルダに保存すること。

「ファイル」メニュー
↓
「配置」で画像を選択

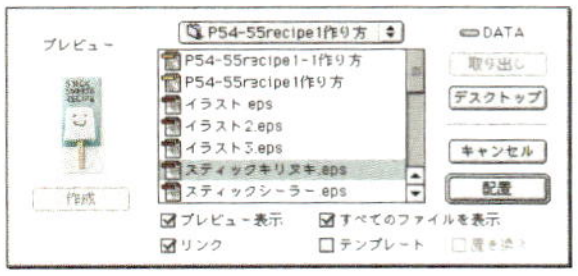

□マスク作成

任意の図形で画像を切り抜きたい時に、マスクを作成します。

画像を配置して、その上に、切り抜きたい形の図形を描きます。

画像と図形、両方を選んで

「オブジェクト」メニュー
↓
「マスク」で「作成」

丸く切り抜かれました。

□文字の回り込み

文字と画像を並べる際に、使いたいテクニック。

文字を回り込ませたい画像よりひと回り大きなパスを描いて、文字ブロックとともに選択。

「文字」メニュー
↓
「回り込み」で「実行」

写真にそって文字が回り込みました。

2 Application Guide

Photoshop

画像加工でよく使うフォトショップのツール（バージョン6.0の場合）

□解像度の確認

使用するサイズに最適な解像度の設定を行います。解像度の単位は「dpi」で、印刷では一般的に実寸350dpiが目安とされています。極端に解像度が低い場合はモザイクのようなギザギザした不鮮明な仕上がりになってしまいます。また逆に高すぎる解像度の画像を使うと、不必要に重たいだけで、レイアウト作業に時間がかかってしまうので、使用するサイズに合わせて解像度を調整します。元の画像よりも高い解像度にリサイズすると、ぼやっとした仕上がりになってしまうのでNGです。

「イメージ」メニュー
↓
「画像解像度」

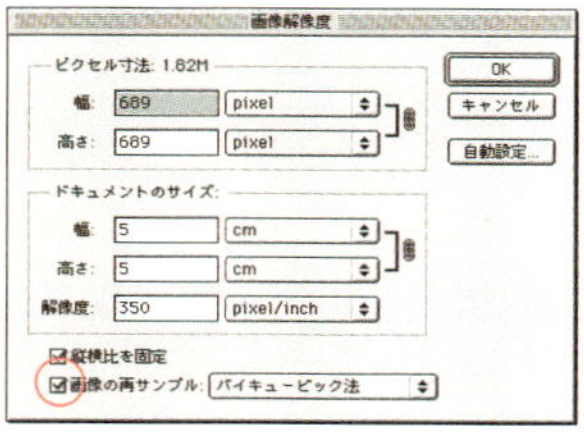

「画像の再サンプル」にチェックを入れた状態でサイズや解像度を変えると、その分ピクセル寸法が変わります。ピクセル寸法を変えずにサイズ、もしくは解像度を変えたいときはチェックを外しておきます。

□色調補正

全体の色のバランスを調整します。調整方法のツールは様々ありますが、簡単で代表的なものを紹介します。

「イメージ」メニュー
↓
「色調補正」

◎レベル補正

画像全体を明るくしたり、暗くしたり、明るさのレベルをドラッグして調整します。

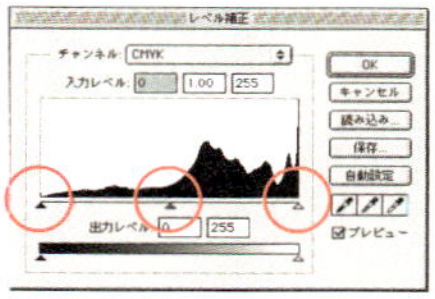

◎トーンカーブ

画像の明るさや色調を調整できます。また複数の明るさのレベルを基準にできるため、より精度の高い補正が可能。

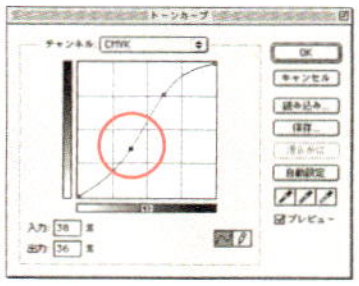

◎カラーバランス

カラー要素ごとに色合いを調整できます。赤味が強い写真などを修正する時に使用します。

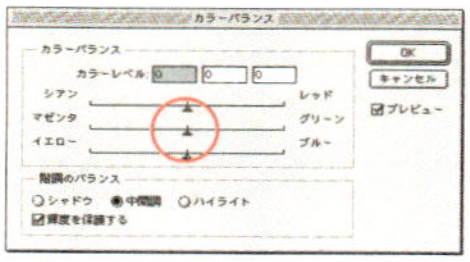

□切り抜き（クリッピングパス）

モノや人を切り抜いてレイアウトしたり、合成したり、デザインに切り抜き画像は不可欠です。輪郭が目立つので丁寧に切り抜きましょう。

ペンツールで輪郭をトレースします。フチの少し内側をなぞるのがきれいに仕上がるコツです。

↓

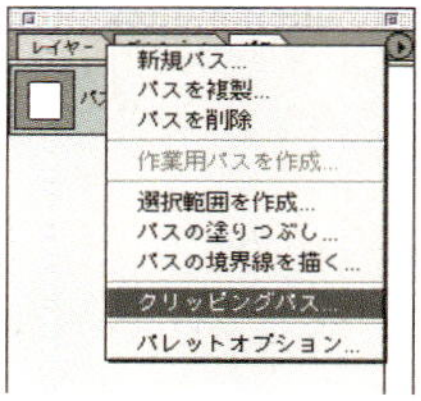

パスパレットの中の「パスを保存」、同じくパスパレットの「クリッピングパス」を選択して、さきほど保存したパスを選びます。

↓

Photoshop EPS形式で保存して、イラストレーターなどのレイアウトソフトで配置します。

Check Point

印刷会社に入稿する際の確認ポイント

印刷会社にデータを入稿する前に、必ず以下の確認ポイントをチェック!
また、印刷会社によって入稿方法や使用できるアプリケーション、出力依頼書など、異なる場合があるので事前に確認を。
出力見本や、特色を使用する場合にはカラーチップを渡すのも忘れずに。

イラストレーターでの確認ポイント

□カラーをCMYKに

フルカラーで印刷する場合、色の設定がRGBなどになっていると、色がきちんとでない場合があります。すべてを選んでCMYKモードにすることを忘れずに!

「フィルタ」メニュー → 「カラー」 → 「CMYKに変換」

□トンボをつける

断裁の位置や多色刷りの見当合わせにマークとして使うのが「トンボ」。仕上がり寸の図形の線幅をなしにした状態で選択してトリムマークをつけます。

「フィルタ」メニュー → 「クリエイト」 → 「トリムマーク」

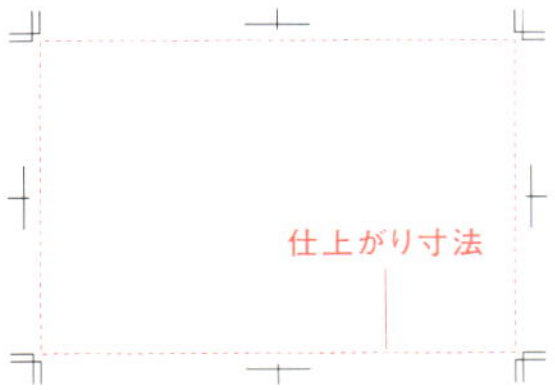

□塗り足しをつける

背景に色が敷いてあったり、写真を全面に使っている場合は「塗り足し」をつけます。トンボに従って断裁しても、若干のズレが生じてしまう場合があります。ズレの分、紙の白が残ってしまうと見栄えがよくありません。そこで仕上がり線より、写真やベタ面を3mmほどのばしておきます。

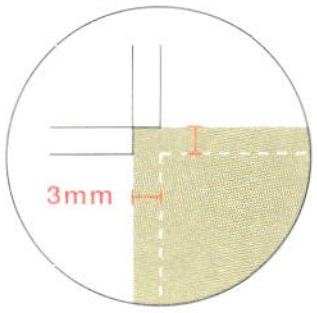

□文字をアウトライン化する

使用しているフォントが印刷会社にない場合、文字化けしてしまいます。なので、文字のデータをアウトライン化して、オブジェクトにします。そうすると、文字の修正が後からできなくなるので、アウトライン前のデータも必ず保存しておきましょう。

「文字」メニュー ↓ 「アウトライン作成」

画像の確認ポイント

□画像の解像度を確認

貼り込み画像の解像度が350dpiあるかどうか確認します。
（解像度の確認>>P.051）

□CMYKモードのEPS形式で保存

CMYK画像に変換して、色味が変わってしまった場合は微調整して、Photoshop EPS形式で保存します。別名で保存した場合は、レイアウトソフトでリンクを貼り直すことを忘れずに。

「イメージ」メニュー → モード → 「CMYKカラー」

□配置画像がフォルダに入っているか確認

イラストレーター上に配置した画像は、なるべくイラストレーターファイルと同じフォルダに入れましょう。画像リンクがおかしくなっていないか、画像の数が合っているかを確認した上で、入稿するようにしましょう。

book recipe

#01

STICK SWEETS RECIPE

冷凍庫にいれたくなっちゃう?
棒つきのアイス型レシピ集。
手軽に作れて、手軽に食べられるスティックスイーツの作り方。
ページをめくるたびに、棒の先のお菓子が変化します。
ワンアイテム“棒”を加えるだけで単純な作りの本が、おいし～く変身!!

スティックで作るスイーツレシピブック

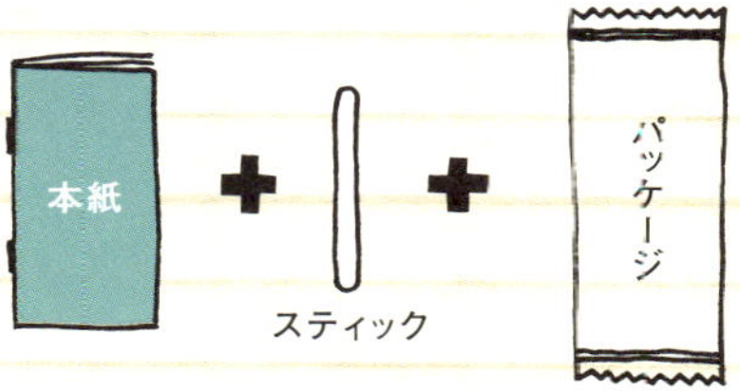

材料（1冊分）

本紙：A3サイズ×1枚
アイスの棒（かっぱ橋道具街で購入>>P.076）　1本
原稿：レシピテキスト　10点
　　　レシピ写真　10点
　　　レシピイラスト　10点
OPP袋（W80×H250mm）　1枚

仕様

サイズ／仕上がり寸（紙のみ）W70×H130mm（棒含む）H175mm
ページ数／24P　色数／表カラー、裏モノクロ
製本方法／中綴じ・棒は両面テープつけ
パッケージ／OPP袋をシーラーでパッキングして、端をピンキングはさみでカット

準備

掲載するレシピを料理家の方に作ってもらい、撮影用に実際の完成品も準備してもらいます。最終的に棒と絡めるため、真上からの撮影。同じアングルでそれぞれ10点撮影します。背景をいかすため、ビビッドなカラーの紙を敷いて、ポップな印象に。

Collaboration

Sweets Recipe
カギヤママリさん（sweet works）
福岡の工房『la clé』でお菓子を焼いて
販売したり、教室なども開催中。
marirock-k@jcom.home.ne.jp

Photo
久冨隆さん（ロケットスタジオ）
福岡の自然光&犬を大切にするカメラマン。
優しい光の写真が素敵です。
http://homepage.mac.com/rocketstudio/

作り方

1. レイアウトと印刷

撮影した写真をパソコンに取り込みレイアウト。
写真の面はカラー、レシピの原稿はモノクロ。

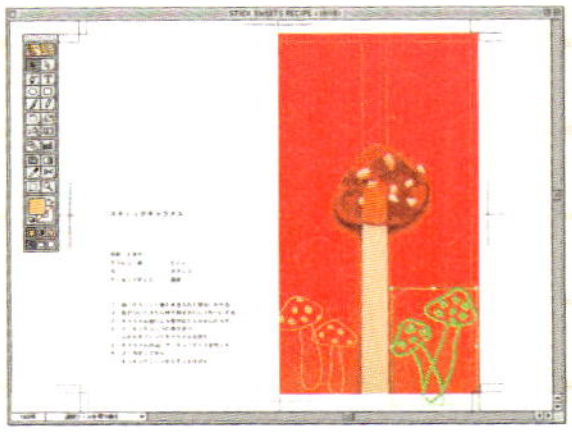

イラストを絡めて楽しい誌面に!

センターページ(見開きP.11-12)に棒を貼りつけるので
前半は写真が右側、後半は写真が左にくるようにレイアウトします。

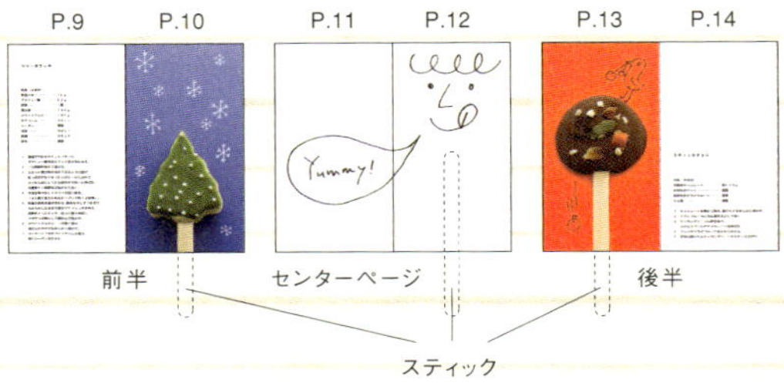

印刷用にA3サイズ1枚に6枚分を面付けします。

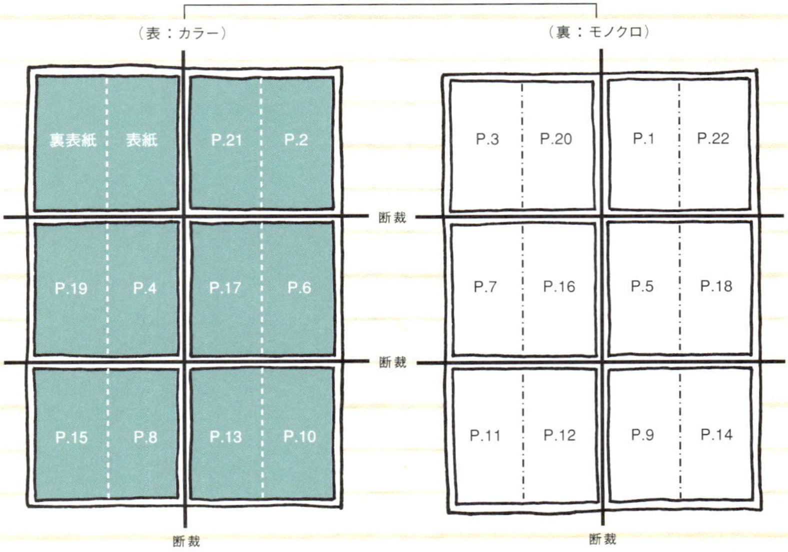

2. 断裁

でき上がり寸より数ミリほど大きく断裁して、順番に並べて重ねます。

3. ステープラーで中綴じ

重ねた本紙の中心部分が
揃っていることを確認して
開いたステープラーでセンターを綴じます。
表紙面のみ折っておくと
センターの目印になります。

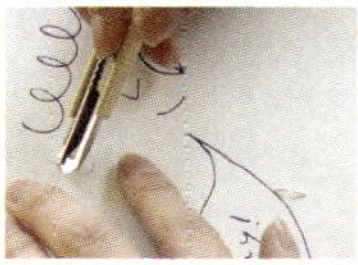

裏返して芯の
先端を折ります。

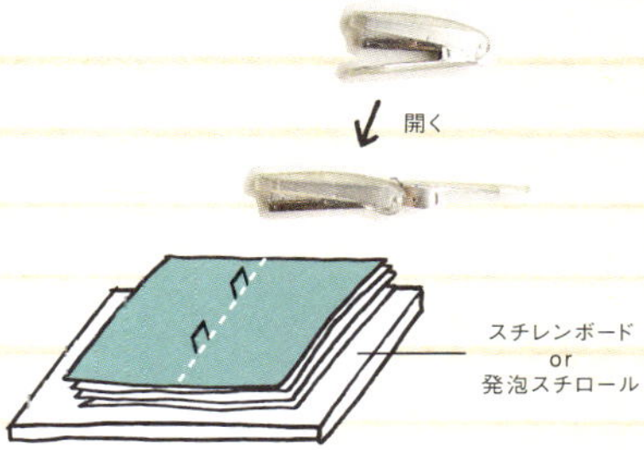

綴じる際、芯が刺さる部分の下にスチレンボードや
発泡スチロールの板などを敷いておきます。

4. 仕上がり寸法に断裁

二つ折りにして、仕上がり寸法に断裁します。
カッターでずれないようにまとめて切ります。
三角定規や直角定規を使えば直角が計りやすくて便利。

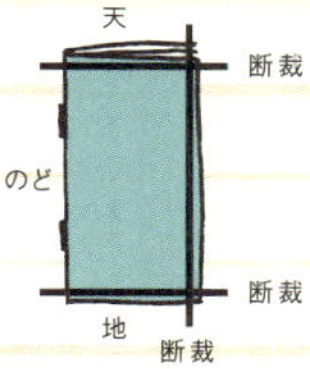

5. アイスの棒を接着

棒に両面テープをつけて、真ん中のページに貼りつけます。
他のページとも確認しながらずれないように!

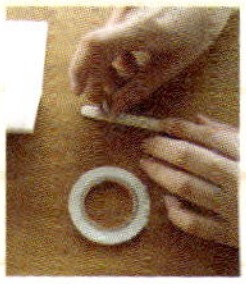

6. パッケージ

OPP袋に入れて上下をシーラーで接着。
端をピンキングはさみでカットしてパッケージのでき上がり!

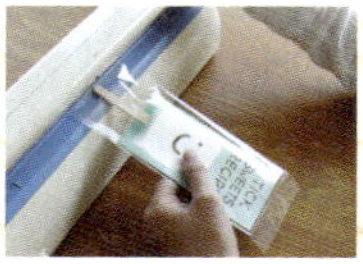

アレンジ

レシピ集を作る時には、実際のクッキングアイテムを取り入れるとリアルさがアップ!　例えば、木製のスプーン、ストローをつけてみたり、パッケージにお菓子の包み紙やレースペーパーを使うなど。

女へん

週刊誌によくあるような袋綴じ。
これはもしかして乙女禁？　でもでも気になるお年頃。
ペーパーナイフで禁断のその袋の中をそろそろと開けると
現れたのは、様々な架空の「女へん」。
読めない文字に潜むは、憂いに満ちた女の生き様。

袋綴じで作る「女へん」のイラスト集

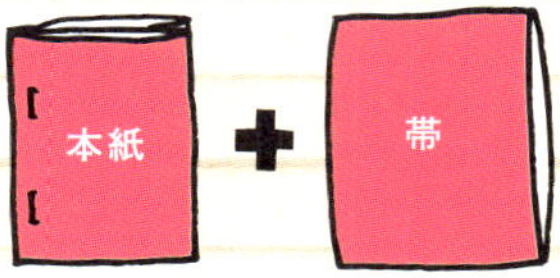

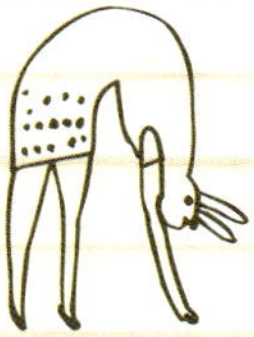

book recipe

#02

材料（1冊分）

本紙：A3サイズ×3枚
帯：A3サイズ×1枚（4枚とれます）
原稿：女へんイラスト　10点
　　　女へんテキスト　10点

仕様

サイズ／仕上がり寸 W100×H135mm
ページ数／48P（12袋）
色数／本紙：表裏特色1色
　　　帯：表のみ特色1色
製本方法／袋綴じ＋帯

準備

架空の「女へん」を10コ考えて
イラストレーターoshowさんに
イラストを描いてもらいます。
それぞれの女へんのキャプション
（写真・図版の説明文）の
テキストも準備。

Collaboration

Illustration
oshowさん
福岡在住。不思議なキャラがスケッチブックと頭の中にいっぱい住んでいます。
http://oshow.daa.jp/

作り方

1. レイアウトと印刷

本紙はA3サイズ3枚にそれぞれ4枚分を面付けします。帯はA3サイズ1枚に4枚面付けして印刷。

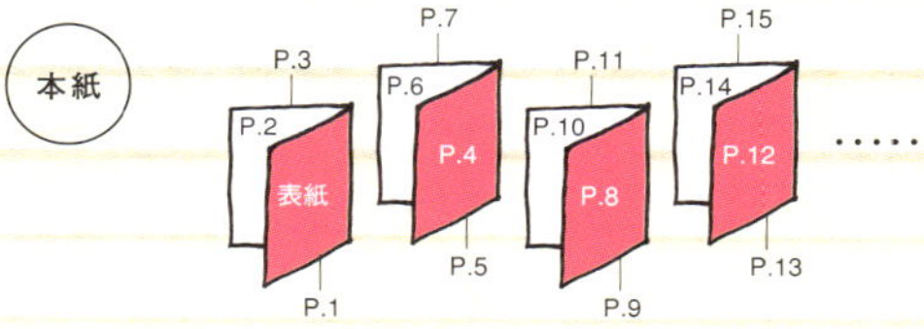

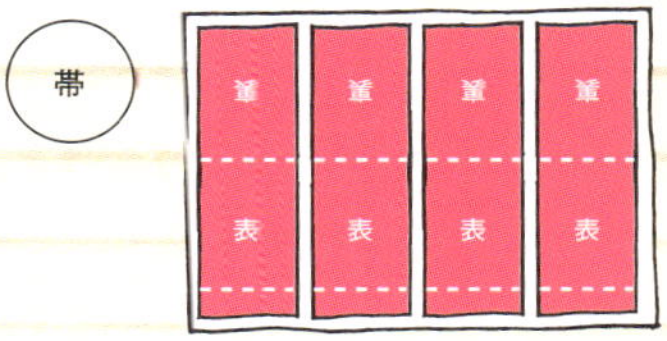

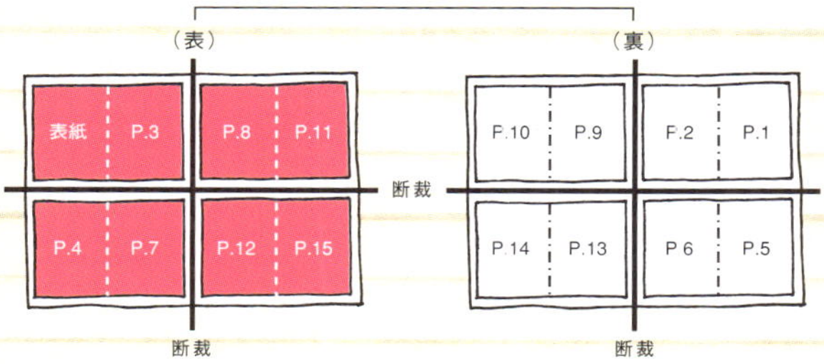

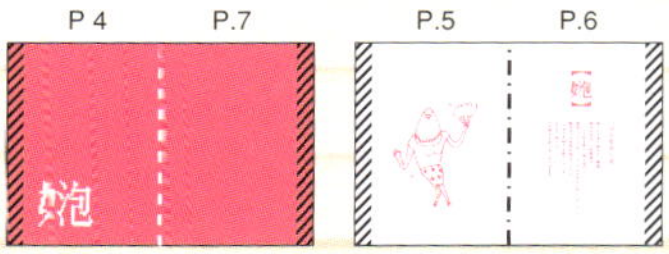

袋綴じなので、表面は透けないように全面ベタを敷き、
各「女へん」のタイトルを入れています。
中面は絵や文字が綴じの部分（斜線部）と
重ならないようゆとりが必要です。

2. 断裁

本紙、帯それぞれ断裁します。
本紙は2つ折りにします。

3. 袋綴じ製本・仕上がり寸に断裁

2つ折りにした本紙を順番に並べて、ずれないようにクリップでとめます。
ステープラーで、のど側を綴じます。
天・地・のどを断裁して仕上がり寸法に整えます。

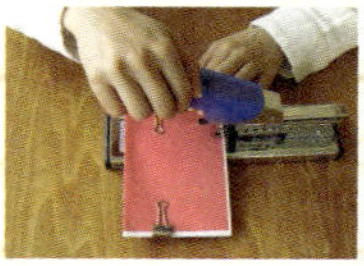

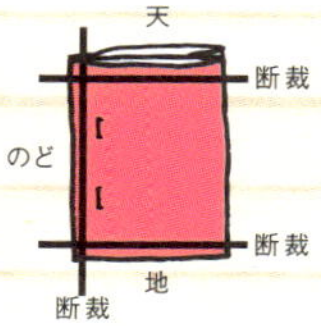

4. 帯を巻いて完成!

帯で、本紙をグルッと巻いて
両面テープでとめたら完成!

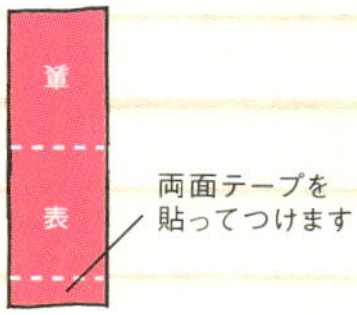

※縦組みの場合は右開きが基本ですが、この本の場合は袋綴じのため、右手でペーパーナイフを使うことを考慮して左開きにしています。

tissue

ポケットティッシュのように一枚一枚引きだしては、ことばを追う。
まるで泣いた後のように、あたりに散らばる紙の山。
チーンと鼻をかんだ後に残る耳の奥の余韻のように
消えそうで消えない3つの唄の物語。
やさしい音色が流れても、決して水には流さないで。

ティッシュのようなパッケージで作る唄の本

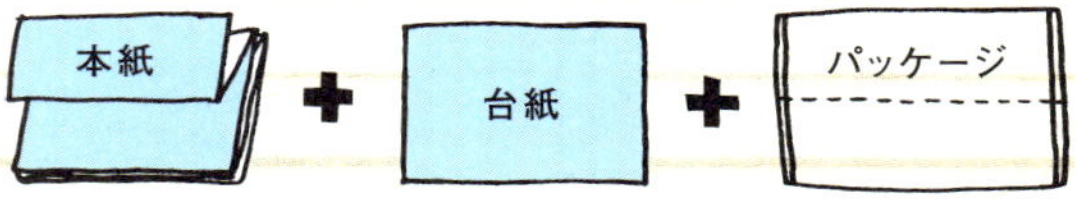

book recipe

#03

材料（1冊分）

本紙：A3サイズ×2枚
台紙：A3サイズ×1枚（16枚とれます）
原稿：唄テキスト 3曲／唄イラスト 16点
パッケージ：OPP袋（W80×H250mm）　1枚

仕様

サイズ／仕上がり寸（紙のみ） W105×H74mm
ページ数／16P
色数／本紙：表のみモノクロ　台紙：表裏モノクロ
製本方法／ティッシュのように2つ折りにしてかみ合わせる
パッケージ／OPP袋にミシン目を入れてシーラーでパッキング

準備

ティッシュをヒントに、一枚一枚引きだしながら読む、大人のための絵本を想定。
ウクレレ流しのとんちピクルスさんに依頼して、唄十イラストを作ってもらうことに。
一番最後の台紙に、この唄を実際にダウンロードできる
ホームページアドレスを記載して、曲のデータも作成。

Collaboration

words & Illustration
とんちピクルスさん
ウクレレ片手にメロウな曲からラップまで。
CD「DEMODAS3」好評発売中！
tonchipickles@yahoo.co.jp
http://www.yojohon.com/tonchi/

作り方

1. レイアウトと印刷

本紙はA3サイズ2枚にそれぞれ8枚分を面付けして、片面のみモノクロで印刷。
台紙はA3サイズ1枚に16枚分を面付けして、両面モノクロで印刷します。

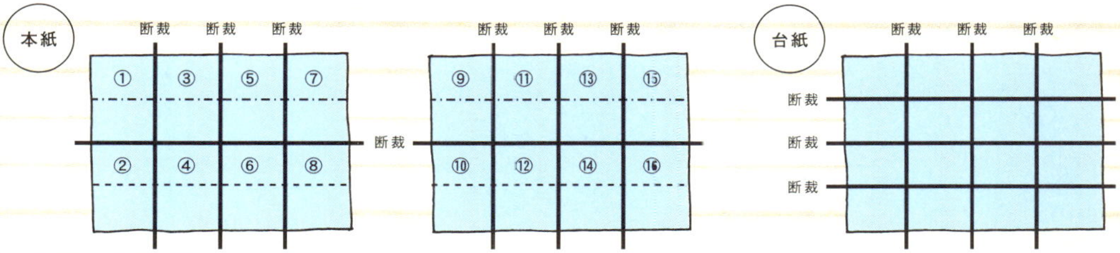

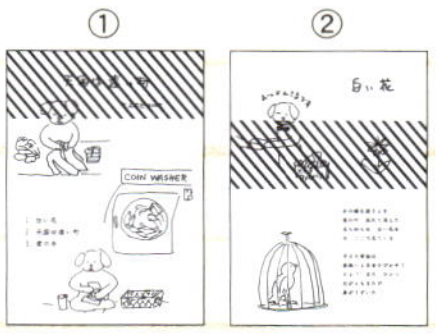

製本した時に
①と②の
斜線部分が
表紙になります。
それを考慮した
レイアウトに。

2. 断裁

本紙は全部で16枚。それをひたすら切ります。
台紙もひたすら切りつづけます。

3. 折って重ねる

表紙の①だけ図のように折ります。
他は、奇数ページを谷折り、偶数ページを山折りして、
交互にかみ合わせて重ねます。
一番下には台紙を入れます。

ティッシュのように
最初は取りだし
やすい形に

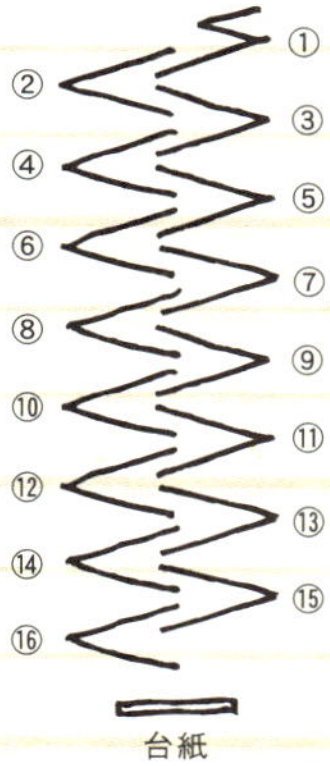

4. パッケージ

まずに袋に厚紙を入れて、
破線カッターで表面の真ん中に
ミシン目を入れます。

順番に重ねたものを
ミシン目の方を表紙にして
袋に入れます。

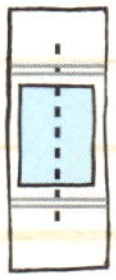

シーラーで
両サイドを圧着します。

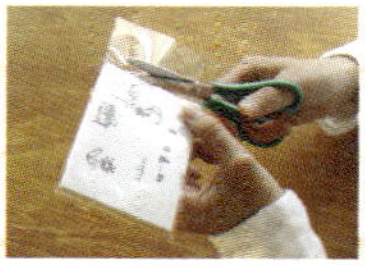

はさみで切って
でき上がり!

book recipe

#04

A PEEP AT THE BAGS.

カバンの中は小宇宙
その中身を覗くのだ!

作り方　>>P.064

book recipe

#05

Lunch Box Diary

「あ～おいしかった」を忘れない
食いしん坊のダイアリー

作り方　>>P.066

Thursday
Sandwich
Tomato and boiling egg
Cucumber and lettuce

A PEEP AT THE BAGS.

カバンの中は小宇宙。
OLさんのブランドバッグに、ピクニック途中のカゴバッグ、山男の大きなリュック……。
そんなカバンの中からは、でるわ、でるわ「???」なアイテム。
カバンの中で浮遊する不思議アイテム達を
取っ手つきのバッグな冊子でご紹介!

book recipe
#04

袋の取っ手で作るカバン本

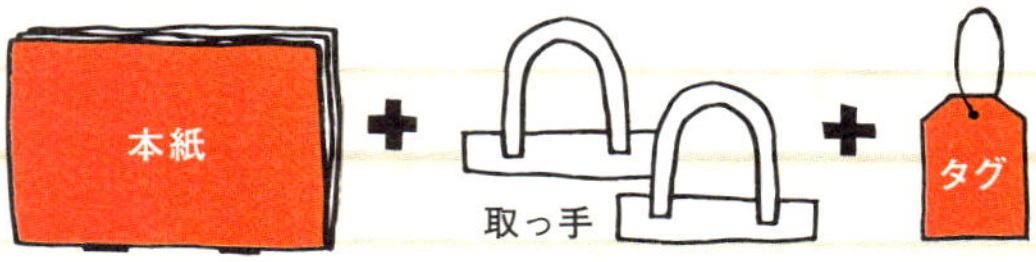

材料(1冊分)

本紙:A3サイズ×5枚
ビニール製バッグの取っ手(かっぱ橋道具街で購入>>P.076) 2枚
原稿:カバンの中の写真 7名分
カバンの中身の説明テキスト 7名分

仕様

サイズ/仕上がり寸(紙のみ) W280×H195mm
(取っ手含む)H300mm
ページ数/20P 色数/表裏カラー
製本方法/中綴じ

準備

OLさんのブランドバッグや小学生のランドセル、
おばあちゃんの巾着袋……と
いろんな人のカバンを拝借。
カバンの中のアイテムを真上から撮影。
それぞれのカバンの中身にどんなものが入ってるか
キャプションのテキストも準備します。

作り方

1. レイアウトと印刷

本紙はA3サイズ5枚に1枚分を面付けして印刷します。

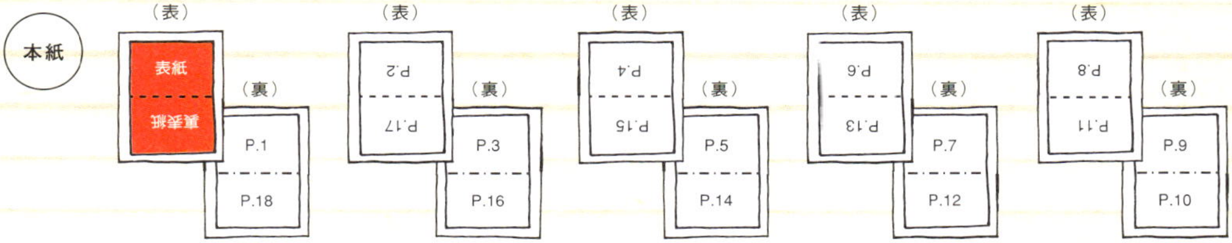

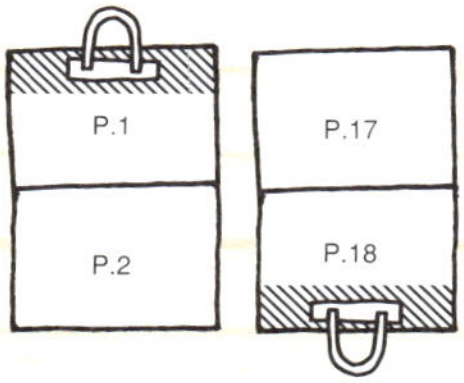

最終的にP.1の上、
P.18の下（斜線部）に
取っ手がつきます。
それを考慮した
レイアウトを。

2. 中綴じ

順番に並べたものを
ステープラーで中綴じにします。

3. 断裁

本紙を2つ折りにして断裁します。
綴じる前より、後に切った方が
天・地・小口が揃ってきれいに仕上がります。

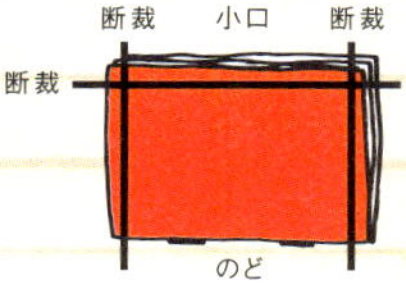

4. 取っ手をつける

取っ手をつけます。
両面テープつきなので表紙、
裏表紙の裏にペタリと貼って。
しわがにいらないよう丁寧に。

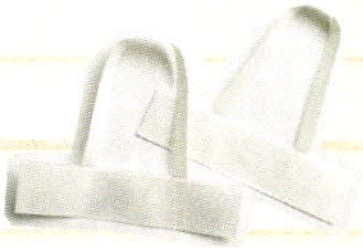

表紙とのバランスを見つつ
仮止めするもよし。

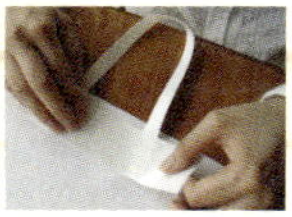

5. タグをつける

ポイントに黄色のタグを
つけて完成です！

アレンジ

取っ手は市販のものを使わず紙を細く切って
作ってもOK。カラフルなリボンやヒモを使って
みるのも手。

Lunch Box Diary

本物のランチボックスを使った立体的なこの本。
一週間のランチメニューがよみがえるお弁当日記です。
ページをめくると、おいしい香りも流れてきそう。
おまけにつけたフォークとスプーンで、「いただきまーす」と食べるふり。
お腹がキュルキュル鳴ってもご愛嬌。

book recipe

#05

ランチボックスで作るランチダイアリー

材料（1冊分）
本紙：A4サイズ×4枚
帯：A3サイズ×1枚（3枚とれます）
原稿：お弁当の写真　7点
ランチボックス（かっぱ橋道具街で購入>>P.076）　1箱
綴じのゴム　1本
おまけのスプーンとフォーク　それぞれ1本

仕様
サイズ／仕上がり寸（紙のみ）W148×H105mm
帯／W80×H320mm
ランチボックス／W170×H125×D50mm
ページ数／16P　色数／表裏カラー
製本方法／ゴム綴じ

準備
毎日のランチメニューを撮影します。
おかずの並びも、おいしそうに見えるように工夫を。
真上からぶれないように撮影します。

作り方

1. レイアウトと印刷

本紙はA4サイズ4枚にそれぞれ1枚分を面付け、帯とシールはA3サイズ1枚に3枚分を面付けして印刷。

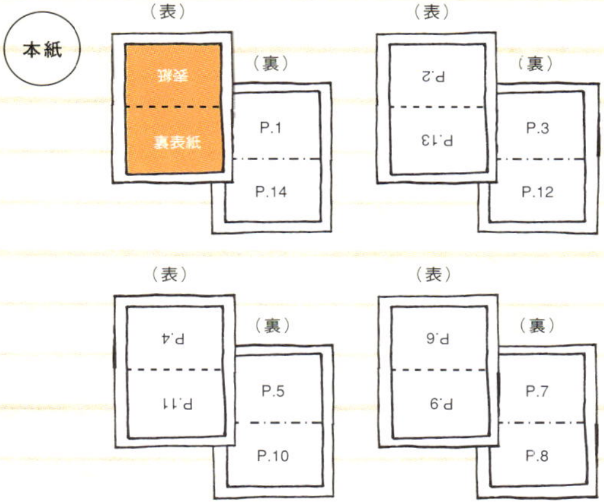

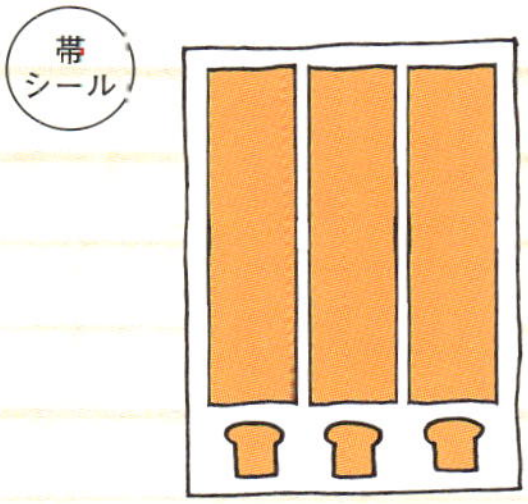

2. 本紙を断裁して、角を丸くする

本紙を断裁したら、2つ折りにして
角丸パンチでコーナーを丸くします。

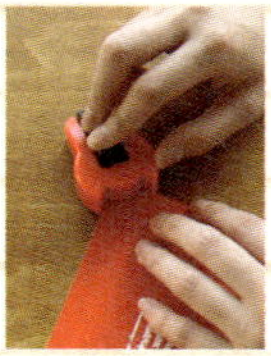

紙が厚くて
パンチしにくい場合は
地道に1枚ずつ……。

3. 帯を断裁

ボックスに巻く帯を断裁します。

4. ランチボックスに貼るシールも準備

ロゴマークをハサミで切りとります。
今回は帯の余りの
印刷スペースを
使っていますが、
シール紙に出力しても。

5. ゴムで本紙を綴じる

透明の丸ゴムでボックスと本をくくりつけます。
ボックスのふたを開け、センターページ（P.7-8）を開き、ゴムを結びます。
ゆるいとふにゃふにゃになるので、よい長さを試して。

透明の丸ゴムは
手芸用品店で購入可能。
ビーズクラフトの
コーナーなどで。

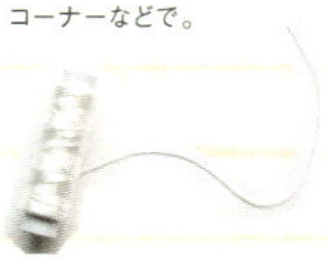

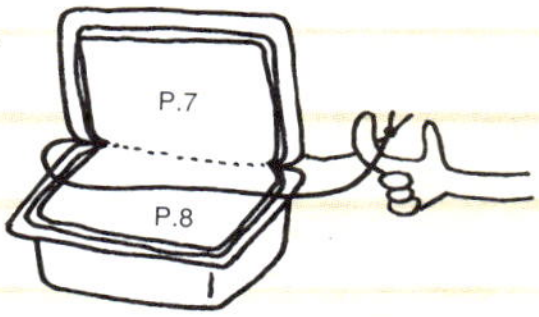

6. ふたにシールを貼る

ふたをして、シールを
真ん中に貼ります。

7. おまけをつける

おまけのフォークとスプーンを
ボックスに忍ばせます。

8. 帯を巻いて完成！

帯に両面テープを貼ります。

帯をくるり巻いて
とめたら完成！！

アレンジ

綴じずに箱を利用すれば
製本作業も手間がかからず、
おまけなどもつけやすいですね。
紙コップやケーキのカップなども使えそう。

これにてブックレシピは終了です。
もっとアレンジして、オリジナル性を追求したいという方は
アイテム＆アイデアハンティングへ！

Plus one item

～プラスワンアイテム～

本作りに使えるアイテムは
探せばいろいろとあるものです。
こんなものを?
そんな風に?
アイテムをアイデアで練って
✚プラスしてみましょう。

貼る

a.

a.

c.

a.

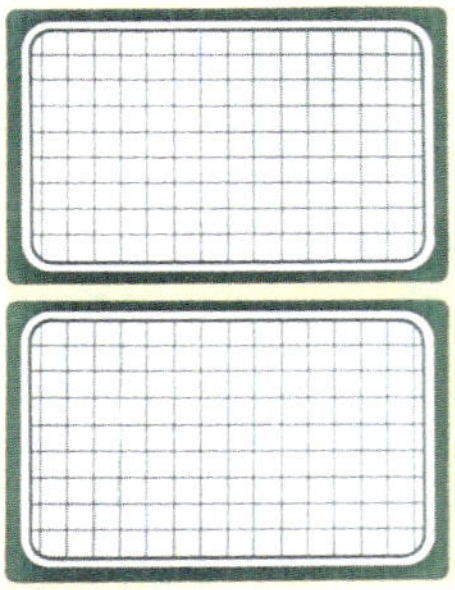

b.

d.

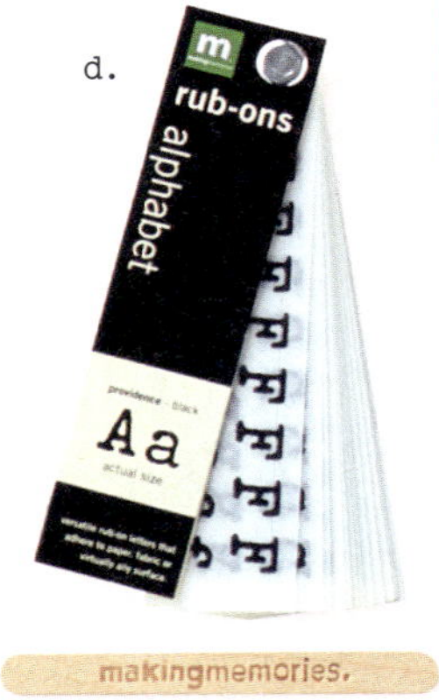

e.

a.

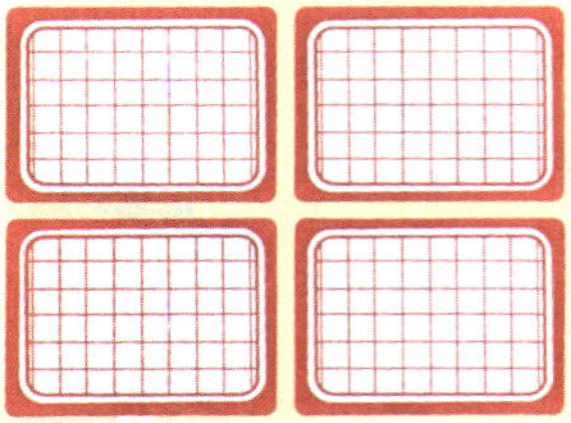

f.

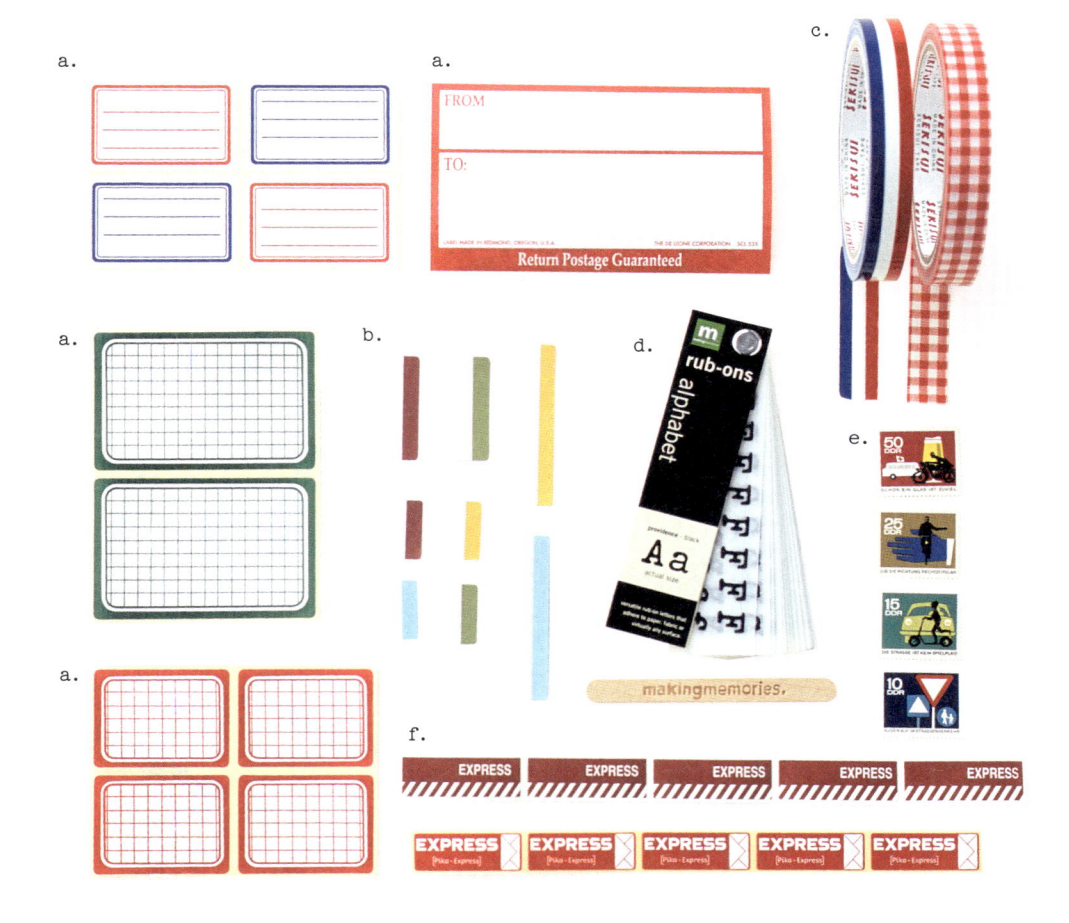

a.ラベル：印刷が難しいOPPフィルムや、曲面の紙コップなどに貼るのもひとつの手です。 b.インデックスラベル：目次代わりに貼ってみては? c.テープ：パッケージングの彩りに一役買います。 d.インスタントレタリング：フィルムを擦って文字を転写させます。 e.外国の切手：かわいい絵柄のものはシール感覚で使えます。 f.シール：表紙などのアクセントにペタリ。

綴じる

a.リングファイル：リングで綴じれば、ページ順を自由に入れ替えられます。　b.バンド：重ねたカードをゴムやこんなカラフルなバンドでとめるのもあり。　c.製本テープ：平綴じに製本テープなら色選びがポイント。　d.e.f.リング他：単語帳のようなひとつ穴の綴じに。　g.h.ペーパーファスナー：ふたつ穴を簡単に綴じられます。書類のようなカチッとした雰囲気がでます。　i.クリップ：はしっこをクリップでとめるという手間のかからない綴じ。カラフルな色でアクセントに。

包む

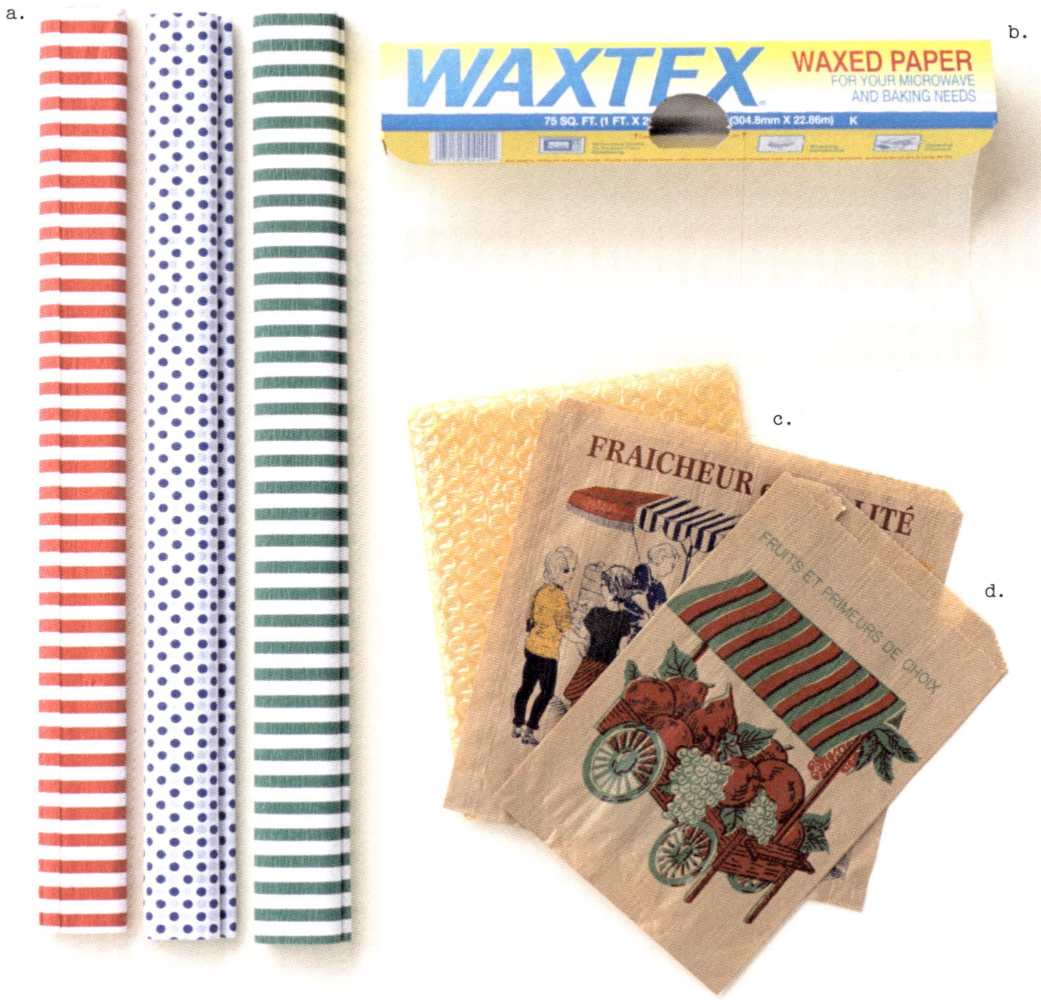

a．包装紙：ギフト用の包装はもちろん、ブックカバーにもなりそう。　b．ワックスペーパー：ワックスコーティングされた半透明のパラフィン紙。中身がうっすら見える透け感が素敵。袋状で売っているものもあります。　c．エアーキャップ：プチプチの袋状のものに住所シールと切手を貼って、封筒としてそのまま郵送。保護材としても一石二鳥。　d．紙袋：誰かにさっと渡す時も袋にはこだわりたい。日頃からかわいい袋を集めておきましょう。

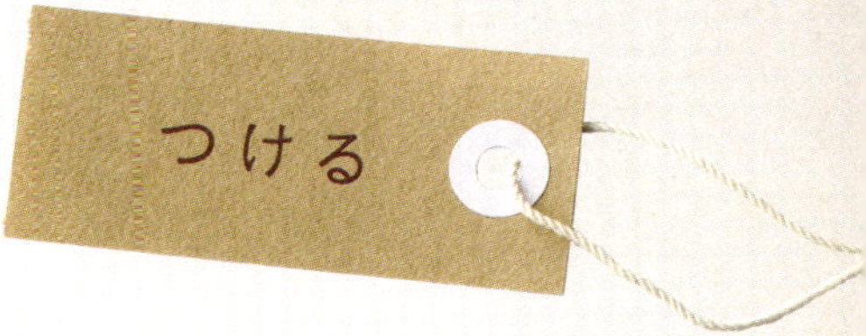

a.ヒモ：紙を筒状にクルクル巻いてヒモでとめればそれも本です。　b.ビニールタイ：袋の口をとじたり、値札をつけたり、ねじるだけでとめられる便利なアイテム。c.タグ：値札もかわいいタグを使いましょう。　d.封かんシール：封筒によく使われるシールも、本の表紙にペタッと貼って、ヒモで巻きつけてアクセントに。　e.スピン（栞）：本に欠かせないスピンはのりやテープでつけます。製本グッズのお店で購入できます。　f.レース：栞のようにつければ、ガーリー度アップ！

あると便利なアイテム

カッターは円形を切り取れるものや、細かな線はペンタイプと使い分けて。ガタガタの刃ではきれいに切れないので、替刃は常にストック。ミシン目をつけられるミシン目カッターという便利なアイテムもあります。

のりやテープも用途に合わせて。特にテープの種類は様々。貼って目立たないタイプのメンディングテープや両面テープ、質感がかわいくてパッケージに使えそうなドラフティングテープ、紙粘着テープなどがあります。

イラストもいいけど、かすれ具合が素敵なスタンプもデザイン要素に取り入れてみては？　直接押したり、パソコンに取り込んでみたり。本の内容にぴったり合う、いろんな図案を探してみましょう。

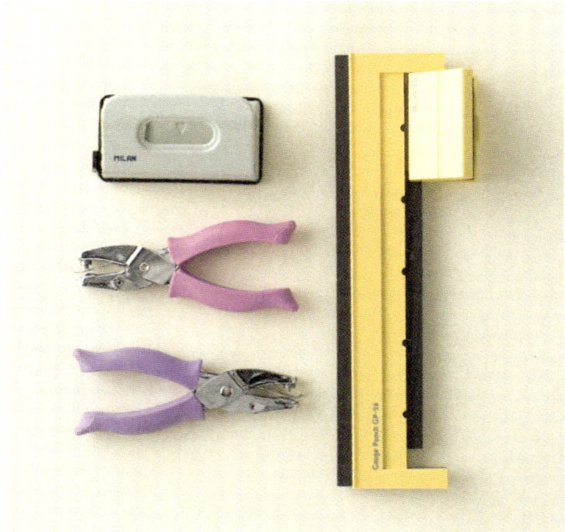

リング綴じにする時に必要な穴あけパンチ。一般的なふたつ穴から、多穴パンチまで。ハンディタイプの穴あけは、穴の大きさを選べるタイプ。小さな穴をあけて、糸を通してくくってみたり、製本時に活躍してくれそうです。

紙を型抜きするクラフトパンチは、切手や動物、植物などのかわいいモチーフがいろいろあります。コーナーを丸くするパンチや、ギザギザはさみなど、形に変化を加える細かな技も使ってみましょう。

カードやボール紙など厚手の紙に鳩目パンチ。何枚か重ねて結束させたり、穴にヒモやゴムを通したり。金の金具がデザイン的なアクセントにもなります。薄い紙だとよれてしまうことがあるので、適度な厚さのある紙を選びましょう。

本のパッケージも凝りたいというあなたには、シーラーがおすすめです。袋の口をとじて、とじ口をギザギザはさみでカットしたり、食品用の真空パックの装置でシーリングしても面白そうですね。

本のタイトルをラベルメーカーでタイプ。シールを直接本に貼りつけても、スキャナーで読み込んでレイアウトしても、デザインのポイントになります。台紙のシールもカラフルな色や木目のテクスチャーなど豊富です。

かっぱ橋アイデアハンティング

やってきました、ここは東京・かっぱ橋道具街。90年以上の歴史を誇る専門商店街には、包装用品や容器、装飾品など本作りに使えそうなアイテムが盛りだくさん。ほらほら、通りを歩けば、あんな形、こんな形、作りたい本のアイデアがわきでてきますよ。

ニイミ洋食器店
ビルの屋上にそびえる巨大コック。かっぱ橋のランドマーク。

伊藤景パック産業合羽橋店

製菓製パン用パッケージの専門店。マフィンのカップやサンドイッチの箱、レースペーパーなど、かわいい形のアイテムが豊富。

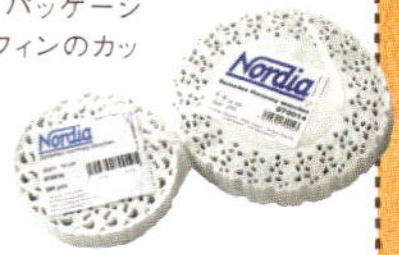
レースペーパー

東京都台東区松が谷1-1-12
TEL 03-3847-4342　9:30〜17:30
土日祝休み　http://www.itokei.com

デリボックス

伊藤景パック産業フードパッケージ店

飲食店向けの包装資材が各種様々揃っています。デリボックスなどの箱モノもサイズいろいろで、少量から購入可。

東京都台東区西浅草1-5-13
TEL 03-3844-6139　9:30〜17:30
土日祝休み　http://www.itokei.com

170以上の店舗が約800mの通りに連なっています。マップをゲットして、気になる店をチェックするべし!

菊屋橋
合羽橋南
浅草通り
東京メトロ銀座線田原町駅

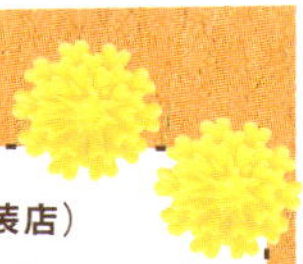
豆菊

本間商店（包装店）

弁当箱やケーキのデコレーション箱のほか、包装紙や紙袋、ビニール用品などのラッピング系アイテムもアレコレ揃っています。取り扱い商品約25000種という、なんとも頼もしいお店です。

東京都台東区西浅草2-6-5
TEL 03-3844-5124
9:00〜17:30　日祝休み

包装紙

ビニールタイ

漆・竹・桶のオクダ商店支店

竹や木などの手作りアイテムが一杯。でき上がった本をカゴに並べても素敵。

東京都台東区西浅草1-5-10
TEL 03-3844-4511　9:00〜17:00
日祝休み

竹スプーン
カゴ皿

馬嶋屋菓子道具店

焼き印

菓子の木型などを扱うこのお店で、かわいい焼き印を発見! オリジナルも5000円からオーダーできるとか。表紙にタイトルロゴの印を押すのもいいかもね!

東京都台東区西浅草2-5-4
TEL 03-3844-3850　9:00〜17:30
日祝休み　http://www.majimaya.com

かっぱ河太郎像

何故に「かっぱ橋」?

名前の由来には2つの説が。1つは、その昔城主の下屋敷があり、雨合羽を近くの橋にズラリと干していたという「雨合羽」説。そしてもう1つは「河童説」。180年ほど前に合羽川太郎という人が、この辺りの水はけの悪さを直そうと、私財を投げ出して工事を始めました。はかどらない様子を見ていた隅田川の河童達は、川太郎の善行に感動して夜な夜な工事を手伝ったそうです。そして、なぜか河童を見た人は運が開け、商売も繁盛したとか。現在は、かっぱ河太郎の像がこの通りのシンボルとなっています。

合羽橋珈琲

歩き疲れたらおいしいコーヒーでホッとひと休み。2004年にオープンしたモダンで和風な雰囲気のカフェです。注文ごとに淹れるこだわりのハンドドリップコーヒーと自家製デザートが人気!

東京都台東区西浅草3-25-11
TEL 03-5828-0308
8:00～21:00(月土日祝は～20:00)
年末年始休み

※ケーキは日替り

合羽橋　合羽橋北　金竜小前　言問通り

業務用食材と包装用品の浅草紙工(プロパックかっぱ橋店)

1～6階まで、各フロアにアイテムがびっしり! 食材から日用品、包装用品、文具まで、本作り以外のアイテムも豊富に揃っています。ポテトやクレープのパッケージなど、レシピ本に使えそうなモノがいろいろ。

東京都台東区西浅草3-7-5
TEL 03-3843-2341
9:00～17:30　不定休
http://www.asakusashiko.co.jp

クレープ袋

ポテトケース

万国旗楊子

竹製品専門の近藤商店

きっとみんな大好きなカゴバッグがたくさんあります。普段使いはもちろん、撮影の小物としても活躍してくれそうです。

東京都台東区松が谷3-1-13
TEL 03-3841-3372　9:00～17:30
(土曜日は～16:30)　日祝休み

手付カゴ

浮かんだアイデア、さっそく形にしてみました。

いやいや、今日もアレコレ買っちゃいまして。袋一杯のアイテムと頭一杯のアイデアは即実行、形にすべし。こんなモノがあんな本に!　時には、形からはじめる本作りも楽しいものです。どうです、かっぱ橋に繰り出してみたくなりましたか??

レースペーパー（白）〈プロパック〉
レースペーパー（銀）〈本間商店〉

カップ／ふた〈プロパック〉

水玉の袋
〈本間商店〉

『乙女詩集』なんてタイトルの本には、ガーリーなレースペーパーをあしらってみてはいかが?　丸型以外にもハートや長方形のもの、金色や銀色などゴージャスなものもありました。本体と一緒に綴じたり、帯として巻いたり。アレコレ使い道がありそう。

ミッドセンチュリーモダンなデザインが魅力的な紙コップを『珈琲豆本』と銘打った本のパッケージに使ってみました。コーヒー豆の形をした本とともに本物のコーヒー豆を数粒仕込んでおくのがポイント。ふたを開いたらサプライズ!　香りも一緒に楽しめるおいしい本が完成!

水玉アイテムを集めたミニ写真集『水玉採集』はレースっぽい白い水玉がプリントされた袋でパッケージング。袋の口に山折りした厚紙をかぶせ、ステープラーでとめています。簡単だけど、なんとなく“商品”っぽさがアップする、オススメのパッケージ方法です。

かっぱ橋へのアクセス

東京メトロ銀座線「田原町」駅下車 徒歩5分
山手線・京浜東北線「上野」「鶯谷」駅下車 徒歩15分
総武線「浅草橋」駅下車 徒歩25分
ほか
詳しい情報は **http://www.kappabashi.or.jp**

凱旋門マドレーヌ袋
エッフェル塔マドレーヌ袋
〈プロパック〉

「これぞ、おフランス!」な絵柄がどこか懐かしいマドレーヌの個装袋。そのまま『マドレーヌレシピ』のパッケージに。表面にはマドレーヌの実寸大を印刷、裏面には作り方をのせて丸く切り抜いたカード型に。厚手の紙に印刷すれば、コースターとしても活用できそう。

アルミジップ袋
〈プロパック〉

中身が見えないアルミジップ袋には「何がでるか、開けてからのお楽しみ!」の『Dog Trading Card』を入れてみました。タイトルをラベルで貼って底をシーラーで密封すれば、はやりのトレカなデザインに。コレクションアイテムになりそうな題材を探してみては?

水玉ビニール風呂敷
白〈本間商店〉
ピンク〈プロパック〉

クルクルと筒状に巻いたカレンダーをビニールの水玉風呂敷でラッピングした『Sweet Calendar』。月の数字をお菓子で作っています。ビニール素材のチープさと水玉のポップさがキャンディ包みにはもってこい。なんだかラムネを彷彿とさせる形になりました。

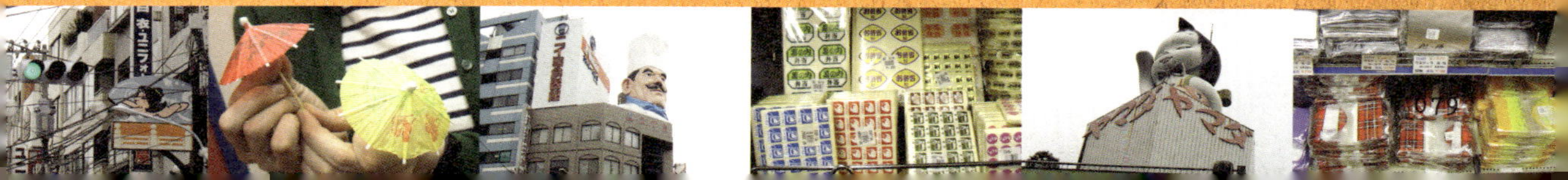

Chapter.4

本のお取り寄せ

Book Seller's Selection

さあ、やってきました。本も“お取り寄せ”の時代です。
リトルプレスは少部数で、一般の流通にのせていないものも多いため
あなた好みのスペシャルな一冊を見逃してしまっていることもよくあるわけで。
そこで、「わざわざ買いたい!」と思わせる魅力にあふれるリトルプレスをご紹介!
しかも、個性的なリトルプレスを多く扱う本屋さんから
特にオススメなものをセレクトしていただきました。
ニッチなコンセプトがあなたにピタリはまれば、それはもうお宝もの!
本のお取り寄せカタログで、お気に入りの一冊を探してみては?

※少部数発行のものは売り切れの場合もございます。また、情報は2007年5月1日現在のものです。
価格など変更になる場合がございます。ご了承ください。

{ Selector }

恵文社一乗寺店
斉藤菜々子さん

リトルプレスをこの店なしでは語れません。センスあふれるセレクトは、乙女心をくすぐるオシャレな冊子から、マニアなコンセプトがキラリ光る一冊まで様々。恵文社的・殿堂入りブックにハズレなし!

京都府京都市左京区一乗寺払殿町10
TEL 075-711-5919
http://www.keibunsha-books.com/

iTohen
角谷慶さん

ギャラリー・ブックショップ・カフェが併設された「イトヘン」には、様々な人が集っています。そして、そこにあるリトルプレスも作り手の思いがあふれた素敵なものばかり。人と本が、なんだか心に響きます。

大阪府大阪市北区本庄西2-14-18富士ビル1階
TEL 06-6292-2812
http://www.skky.info

貸本喫茶 ちょうちょぼっこ
福島杏子さん

本好き女子4人が、大好きな本を持ち寄った「貸本喫茶ちょうちょぼっこ」。そこで扱われているリトルプレスも「好き」という理由で選ばれたものばかり。そばに置いておきたい、そんな一冊が見つかります。

大阪府大阪市西区北堀江1-14-21第一北堀江ビル4階
TEL 06-6538-6166
http://www.geocities.co.jp/chochobocko

PROGETTO
柳喜悦さん

デザインに関する書籍やアイテムなど数多く取り揃えている「プロジェット」。アーティストの貴重な自費出版本も。著名なアーティストから新進気鋭の若手クリエーターまで、より深いアートシーンが集結!

神奈川県川崎市川崎区小川町4-1LA CITTADELLA内
TEL 044-211-4616
http://www.progetto.co.jp

ユトレヒト
江口宏志さん

ユトレヒトが応援する作家の作品集や、他ではなかなかお目にかかれない海外のアーティストブックなど個性豊かな本がズラリ。またとない出会いに感謝したくなる、そんな本を手にできるのはだれ??

東京都目黒区上目黒1-5-10中目黒マンション407(要予約)
TEL 03-5856-5800
http://www.utrecht.jp

お取り扱いSHOP

リトルプレスとの出会いはそこかしこに。ほかにもまだまだあります、リトルプレスの取り扱い店。

ショップ

実店舗のみ

新しい本との出会いがある場所

青山ブックセンター（本店）

東京都渋谷区神宮前 5-53-67
コスモス青山ガーデンフロア 地下2階
TEL 03-5485-5511
http://www.aoyamabc.co.jp

実店舗のみ

作家さんの手作り雑貨もあります

AMULET

東京都千代田区神田神保町1-18
三光ビル1・2階
TEL 03-5283-7047
http://www.mecha.co.jp/amulet/

実店舗あり　ネット通販可能

圧巻の品揃え！

タコシェ

東京都中野区中野5-52-15
中野ブロードウェイ3階
TEL 03-5343-3010
http://tacoche.com/

実店舗あり　ネット通販可能

絵本関係の自費出版本がいろいろ

トムズボックス

東京都武蔵野市吉祥寺本町2-14-7
ライヴス内
TEL 0422-23-0868
http://www.tomsbox.co.jp

実店舗あり　ネット通販可能

マニアなミニコミ揃ってます

模索舎

東京都新宿区新宿2-4-9
TEL 03-3352-3557
http://www.mosakusha.com

実店舗のみ

イベントや展示も盛ん。ギャラリー&カフェ

ROBA ROBA cafe

東京都世田谷区経堂2-31-20
TEL 03-3706-7917
http://www15.ocn.ne.jp/˜robaroba

実店舗のみ

デザイン雑貨と書籍の店

アンジェ ラヴィサント

大阪府大阪市北区梅田2-2-22
ハービスエント3階
TEL 06-6456-3322
http://www.angers.jp

実店舗あり　ネット通販可能

ビジュアル本が豊富。ギャラリー&カフェも

Calo Bookshop and Cafe

大阪府大阪市西区江戸堀1-8-24
若狭ビル5階
TEL 06-6447-4777
http://www.calobookshop.com

実店舗のみ

本やアートの情報発信！ カフェも併設

cafe&books bibliotheque

大阪府大阪市北区梅田1-12-6
E-ma 地下1階
TEL 06-4795-7553
http://www.cporganizing.com

実店舗あり　ネット通販可能

京都の個性的な本屋さん

ガケ書房

京都府京都市左京区北白川下別当町33
TEL 075-724-0071
http://www.h7.dion.ne.jp/˜gakegake/

実店舗あり　ネット通販可能

こだわりのセレクトが光る本屋さん

vivo,vabookstore

兵庫県神戸市中央区栄町通3-1-17
ESGビル4階
TEL 078-334-7225
http://www.vivovabookstore.jp

実店舗あり　ネット通販可能

紙媒体によるコミュニケーションを提案

YEBISU ART LABO FOR BOOKS

愛知県名古屋市中区錦2-5-29
えびすビルPART1・4階
TEL 052-203-8[illegible]24
http://artlabo.net

実店舗あり　ネット通販可能

雑貨や書籍のほか、音楽レーベルも！

Rallye

石川県金沢市長町1-1-61丸和ビル2階
TEL 076-265-7006
http://www.rallye-kanazawa.com

オンラインショップのみ

リトルプレスの流通をサポート

Ricochet リコシェ

http://www.ricochet-books.net

海外のレアなアーティストブックあります

malieca マリーカ

http://www.malieca.com/

直販

著者や発行人が、ホームページで直接販売しているリトルプレスもあります。お気に入りは、直接購入して、感想をメールするなど、コミュニケーションをとってみては？　直で買える素敵なリトルプレスをピックアップしてみました。

アミーゴブックス
『ワールドカップなんかこわくない!』
http://www.amigo-books.jp/

ハオ編集部
[hao]（ハオ）
http://www016.upp.so-net.ne.jp/hao/

fève books
『犬と花』松林誠
http://www.hikita-feve.com

omame
『豆本』
http://www.geocities.co.jp/omamebook/

（株）アトリエ・ヴィ（発行・編集人 高橋良枝）
季刊誌『日々』
http://www.iihibi.com/

たけのこスカーフ
『レーズン』
http://miminoko.com/

塔島ひろみ
『車掌』
http://www.sepia.dti.ne.jp/syashou/

※このリストは一部です。ほかにもリトルプレスを販売しているお店や、ホームページはまだまだありますので、レアな一冊を是非探してみてください。

※この情報は2008年12月1日現在のものです。

Chapter.5 本作りデザインのポイント

かんたんデザインレッスン

制作の流れ、レシピ、アイデア帳に
ブックカタログまで進んだら
本作りのレッスンもいよいよ後半。

この章では、デザイン的なコツをアドバイスします。
ちょっとした細かな点に気を使えば
本の表情はがらりと変わるはず。

かんたんデザインレッスンで
読みやすくて、目にも楽しい本に仕上げていきましょう!

1. きれいな写真を撮る小技

本の素材に写真を使う人も多いのでは?
明るさや、背景、構図のポイントなど、ちょっとの注意できれいさ倍増!
かわいいものはかわいく、おいしいものはおいしそうに撮ることが写真の極意です。
以下のポイントをおさえて、コレ!　という写真が撮れるまで、何度でも撮影しましょう。

自然光で撮影

光で写真の色合いは大きく変わってきます。室内で撮影する際には、自然光の射す明るい場所がベスト。極力、フラッシュは使わず、太陽の光を利用した方が、仕上がりが自然です。

三脚で固定

モノを撮影する時など、ブレを防止するためにカメラを三脚で固定して。同じアングルを保てるので、続けて撮影する時にも便利です。

レフ板で影をやわらかに

モノを撮影する時に、影が強くでてしまう場合に使うのがレフ板。影のある方向にレフ板を置き、光を反射させて影をやわらげます。レフ板は真っ白な画用紙やスチレンボードなどを使用して。

強い光で、影がはっきりでてしまいました。

白い画用紙を置いただけで、影がこんなにやわらぎました。
レフ板を置く位置で、影の強さを調整できます。

光を影側に反射させて、
明るくします。

1. きれいな写真を撮る小技

切り抜き用写真の注意点

写真をフォトショップなどのアプリケーションで切り抜きたいという場合は、背景に注意して。紙や布などを敷いて、境目がわかりやすいようにしておきましょう。また、切り抜いた時に案外気になるのが影。一部分だけ影が強くでていると不自然な仕上がりになってしまうので注意しましょう。

あえて背景を少し残して切り抜けば、コラージュっぽく、ラフな印象に。

このふたつは失敗例。左の写真は変な影が入ってしまっているので、切り抜くと不自然です。右は微妙ですが、下が切れてしまっています。この状態だと気づきにくいですが、切り抜くと気になるものです。

構図は時には大胆に

撮影の構図は、レンズをのぞきながらいろんなパターンを試してみましょう。アングルを変えたり、時にはアイテムがはみだしてしまう程に大胆に寄ってみたり。左右上下の余白のバランスを上手にとれるよう、何度もシャッターを切って。

真横からのアングルだと動きを感じませんね。

振り向いたようなポーズにして、やや上目から撮影。

今度は後ろからパシャリ。また違った印象です。

あえて半分はみださせることで、今にも前に進み出しそうな躍動感がプラスされました。余白にはセリフを手書きでいれても。

スタイリングに挑戦

背景に使う布やちょっとしたアイテムをプラスして、
雰囲気をアップ。ごちゃごちゃとうるさくならないように、
あくまで主役を引き立てるためということを忘れずに。
普段から使えそうな小物をいろいろ集めておきましょう。

コーヒーカップだけだと
なんだか寂しいですね。

だけど、何でもかんでも
置き過ぎるのもNGです。

意味が合うものを添えると
雰囲気がでます。

PLUS

布を敷いてみたら、またイメージがガラリと変わり、優しい印象に。
いろんなパターンを試してベストなものを選びましょう。

2. 書体選び

ページ全体の雰囲気を大きく左右する書体選びは慎重に。
書体はアレもコレもと、たくさん使うと統一感のない印象になってしまいます。
見出し・本文・キャプションと3種類前後を使い分けることが基本です。

まずは書体の種類ですが、和文で基本の書体としてよく使われるのが明朝体とゴシック体です。

明朝体とゴシック体

□明朝体

縦線が横線より太いのが特徴。
払いやはねなど、筆による字形を抽象化した形状。
格式ある雰囲気。

みんなで本を作りましょう（B太ミン A101）
みんなで本を作りましょう（見出ミンMA31）
みんなで本を作りましょう（リュウミンM-KL）など

□ゴシック体

角張った形で、線幅が基本的に均一。
力強い印象を与えます。
目立たせたいタイトルや見出しによく使われます。

みんなで本を作りましょう（B太ゴ B101）
みんなで本を作りましょう（見出ゴMB31）
みんなで本を作りましょう（新ゴM）など

タイトルと本文

タイトルをゴシック、本文を明朝など、タイプの違う書体を組み合わせたり、大きさや太さでメリハリをつけます。

組み合わせ例

みんなで本を作りましょう

さあ、楽しい本作りがはじまりました。準備は万端ですか？
どんな本にするか、まずは本のレシピを作っていきます。
内容、形、色数、印刷・製本方法を決めましょう。

（タイトル／ゴシックMB101　本文／B太ミン A101）

みんなで本を作りましょう

さあ、楽しい本作りがはじまりました。準備は万端ですか？
どんな本にするか、まずは本のレシピを作っていきます。
内容、形、色数、印刷・製本方法を決めましょう。

（タイトル／丸明オールド　本文／B太ゴ B101）

みんなで本を作りましょう

さあ、楽しい本作りがはじまりました。準備は万端ですか？
どんな本にするか、まずは本のレシピを作っていきます。
内容、形、色数、印刷・製本方法を決めましょう。

（タイトル／じゅん501　本文／じゅん34）

みんなで本を作りましょう

さあ、楽しい本作りがはじまりました。準備は万端ですか？
どんな本にするか、まずは本のレシピを作っていきます。
内容、形、色数、印刷・製本方法を決めましょう。

（タイトル／見出ミンMA31　本文／M中ゴシックBBB）

欧文書体

タイトルに英語を使う場合は欧文書体を使用することもしばしば。
同じようにセリフ系・サンセリフ系・スクリプト系とタイプが違う書体が多く存在します。
タイトルロゴとして使用できるようなデザイン性の高いものも数多くあるので、いろいろ試してみましょう。

□セリフ系

手書き文字を元にした書体で
ペン先の跡のセリフ（うろこ）が
ついています。

Let's make a book
（Times New Roman Regular）

Let's make a book
（Bodoni BT Bold）

□サンセリフ系

セリフ（うろこ）のない書体です。
日本語書体のゴシック体のように
力強くカジュアルな雰囲気です。

Let's make a book
（Century Gothic Regular）

Let's make a book
（Helvetica Bold）

□スクリプト系

手書き風書体です。
味わいのある書体が多いので
タイトルや見出しにオススメ。

Let's make a book
（Aldridge Script SSK Regular）

Let's make a book
（Amalie Script SSK Bold）

日本語との組み合わせ例

Let's make a book
さあ、楽しい本作りがはじまりました。準備は万端ですか？
どんな本にするか、まずは本のレシピを作っていきます。
内容、形、色数、印刷・製本方法を決めましょう。
（タイトル／Palatino Regular　本文／B太ミン A101）

Let's make a book
さあ、楽しい本作りがはじまりました。準備は万端ですか？
どんな本にするか、まずは本のレシピを作っていきます。
内容、形、色数、印刷・製本方法を決めましょう。
（タイトル／Solana Script SSK　本文／リュウミンM-KL）

Let's make a book
さあ、楽しい本作りがはじまりました。準備は万端ですか？
どんな本にするか、まずは本のレシピを作っていきます。
内容、形、色数、印刷・製本方法を決めましょう。
（タイトル／Helvetica Neue 85 Heavy　本文／M中ゴシックBBB）

Let's make a book
さあ、楽しい本作りがはじまりました。準備は万端ですか？
どんな本にするか、まずは本のレシピを作っていきます。
内容、形、色数、印刷・製本方法を決めましょう。
（タイトル／Impact Regular　本文／B太ゴ B101）

3. 文字組みの調整

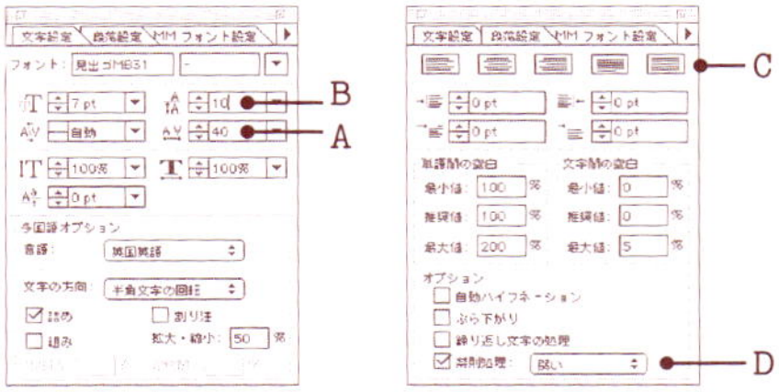

次に文字組みの基本のルールです。
読みやすいことがとにかく大前提。
細かな調整で美しい文字組みを目指しましょう。
イラストレーターというアプリケーションを使う場合、
「文字設定」や「段落設定」で調整します。

A. 文字詰め

文字と文字の間を調整します。
通常は字間の設定が「0」のベタ組みが基本ですが、全体のバランスや書体に応じて調整します。

美しい文字組みで、読みやすさ、見た目の印象が大きく変わってきます。文章の読みやすい雑誌などの文字組みを参考にしましょう。

M中ゴシック BBB（8pt）字間設定「0」（ベタ組み）
やや窮屈な印象です。

美しい文字組みで、読みやすさ、見た目の印象が大きく変わってきます。文章の読みやすい雑誌などの文字組みを参考にしましょう。

M中ゴシック BBB（8pt）字間設定「100」
ゆったりと読ませたい時は字間をあけてみましょう。

B. 行送り

行を並べる間隔を調整します。
詰まっていると読みづらいので、広くして調整します。
通常、文字の大きさの1.5〜2倍に設定します。
本文が長い場合は、改行して段落を分けましょう。

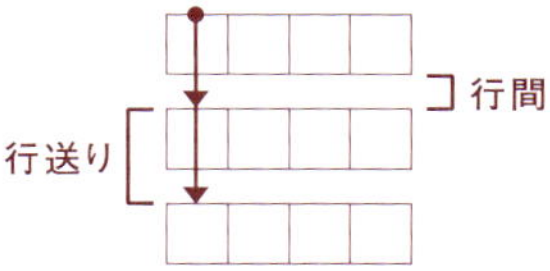

美しい文字組みで、読みやすさ、見た目の印象が大きく変わってきます。文章の読みやすい雑誌などの文字組みを参考にしましょう。

M中ゴシック BBB（8pt）行送り設定「9」
行の間が詰まっていると、文字を目で追いにくくなります。

美しい文字組みで、読みやすさ、見た目の印象が大きく変わってきます。文章の読みやすい雑誌などの文字組みを参考にしましょう。

M中ゴシック BBB（8pt）。行送り設定を「12」に変えるだけで、読みやすさがずいぶん増します。一行あたりの文字の数が多い時は、行間を広くとったほうが読みやすくなります。

C．行揃え

枠の中の文章をどこで揃えて並べるかを設定します。
タイトルやキャッチは横組みなら「左揃え」、縦組みなら「頭揃え」が基本。
本文組みは、一般的には「ジャスティファイ」で行の左右の端を揃えます。

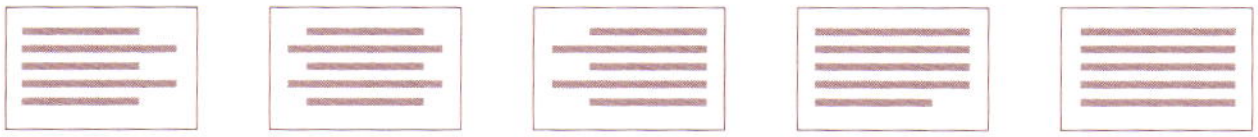

左（頭）揃え　中央揃え　右揃え　ジャスティファイ　強制割付

美しい文字組みで、読みやすさ、見た目
の印象が大きく変わってきます。文章
の読みやすい雑誌などの文字組みを
参考にしましょう。

NG

左揃え
行の終わりが揃わずデコボコしています。

美しい文字組みで、読みやすさ、見た
目の印象が大きく変わってきます。文
章の読みやすい雑誌などの文字組み
を参考にしましょう。

ジャスティファイ
本文組みの場合は、左右の端を揃えてスッキリと。

D．禁則処理

忘れがちな禁則処理。行の頭の句読点や、行末に起こしのかぎカッコ（「）がこないように調整するものです。
細かなことですが、行頭の句読点は案外目立つものです。「段落設定」でチェックを入れるのをお忘れなく。

NG

句読点が行の頭にくるのは、かっこわるいです
。禁則処理で忘れずに調整しましょう。対象は
、句読点やカッコなど。

禁則処理なし
行頭に句読点「。」や「、」がきてしまっています。

句読点が行の頭にくるのは、かっこわるいです。
禁則処理で忘れずに調整しましょう。対象は、
句読点やカッコなど。

禁則処理あり
自動で文字間を調整して、句読点が行の後ろにまわりました。

対象となる範囲も「強い」「弱い」から選べます。「強い」を選択すると「ぁ」「ゃ」「っ」なども対象となります。
※イラストレーターの操作はバージョンによって異なります。詳しくはアプリケーションのマニュアルをご覧ください。

4. ロゴデザイン

本のタイトルはフォントで流し込んでもいいですが、オリジナルのタイトルロゴで差をつけてみては?
既存のフォントに手を加えたり、一から文字を作ったり、手書きの文字を取り込んだり……。
本の内容がイメージできそうなものが優秀デザインです。
わかりやすくてかわいいタイトルロゴを作ってみましょう。
今回のこの本に掲載しているプチブックに使ったロゴのポイントをちょっぴり公開!

ベースのフォント

完成!

「Lunch Box Diary」
一週間のお弁当日記

デリの店のロゴをイメージして既存フォントをアレンジ。「L」と「h」にアクセントをつけ、一文字一文字を繋いでいます。コックさんの帽子? 食パン? 「食」を連想させる形の罫で囲んで完成。

ベースのフォント

完成!

「水玉採集」
水玉のアイテムを集めた写真集

水玉がテーマだから、デザイン要素に「玉」は必須! と、文字のそこかしこにポツポツと玉をあしらってみました。文字の一部に、コンセプトにあったモチーフをあしらうのはロゴ作りのワンテクニック。

試行錯誤……

完成!

「STICK SWEETS RECIPE」
棒つきスイーツのレシピ集

お菓子の質感をだしたくてチョコペンで書いた文字を撮影してロゴに。試行錯誤し、何度も書き直し、パソコンで修正もしながら、やっと完成! 写真を使うことで、リアルな立体感をだしました。

ボツ!

採用!

「女へん」

女へんの架空の文字とイラスト集

架空の文字がテーマだから変換不可能なイメージがピッタリ！と、ドットで表現。どこかヘンな雰囲気が出るよう、「へ」を裏返しにしてみました。ボツ案は「くノ一」の文字を組み合わせて作った「女」。

ボツ!

採用!

「Dog Trading Card」

愛犬のトレカブック

まず、犬からイメージしたのが「骨」。骨の髄まで犬を愛する人々が集める犬トレカ。骨とハートが一体となったロゴで決まり! ボツ案はDogを犬の顔に仕立てたものの、骨案に軍配!

ボツ!

完成!

「珈琲豆本」

コーヒーカップの中の小さな豆本

シブいような間が抜けてるような……。昔からある純喫茶のマッチ箱にデザインされていそうなロゴを思い描いて作ってみました。コーヒー豆を絡めるのがポイントです。ボツ案から、並びに変化を加えて完成!

5. 画像のレイアウト

レイアウトする中で、写真や画像の大きさや位置で全体のバランスは大きく変わります。
単調なデザインが続くと飽きてしまうもの。時には変化を加えて、動きのあるページに。

yojohan book vol.001の場合

yojohan book vol.001はポラロイドで撮影した写真が並ぶビジュアルブックです。あえて統一しない写真のレイアウトで動きをだしています。

P.1　P.2

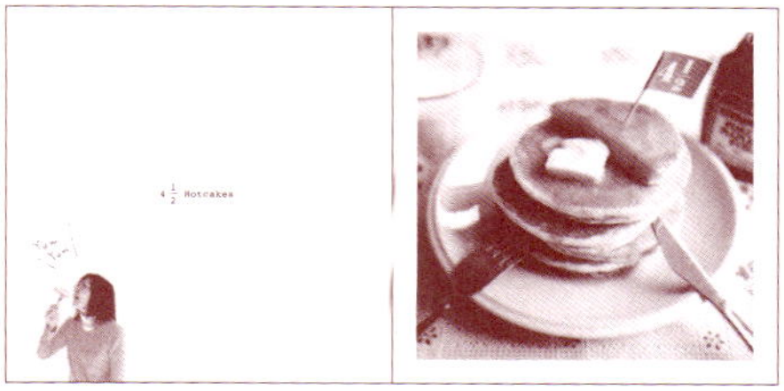

はじまりのページは、右側に大きくホットケーキの写真。左には食べてるカットを切り抜きで。

P.3　P.4

続いては、コーヒーと毛糸の写真。高さを揃えずに配置して、テキストは写真の対角の位置に。

P.5　P.6

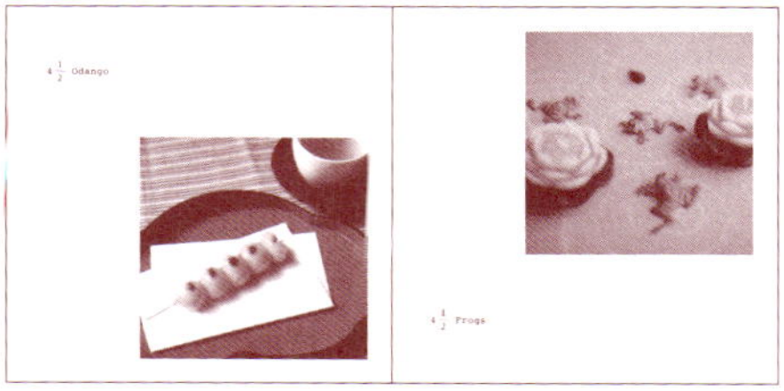

同じく、高さを揃えずに写真を2点。今度は右寄せで、前のページとも変化を。

P.7　P.8

お次は大きく一面に写真。鳥のイラストとかたわれの靴下の写真を小さく入れて、メリハリをもたせます。

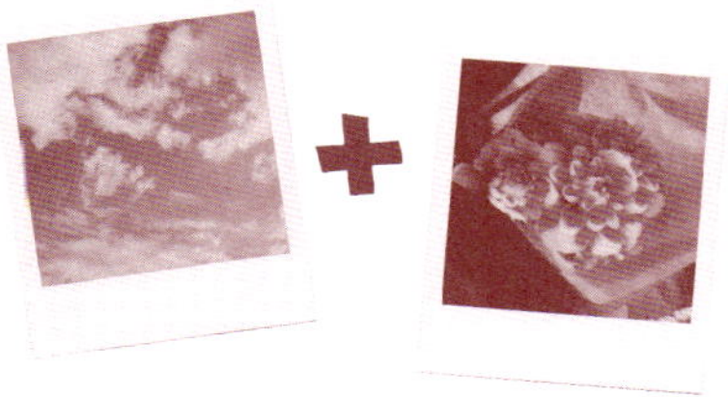

レイアウトシミュレーション

ここに2枚のポラロイド写真があります。
いろんなレイアウトを試してみましょう。

全面に写真を置いてみました。賑やかな誌面で
ダイナミックな印象に。

写真を対角線上に置いてみました。スッキリとし
ながらも、動きがあります。

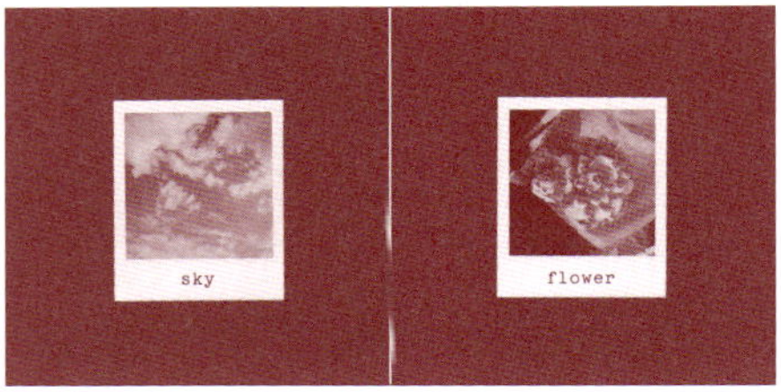

ポラの白枠をそのままデザインにいかしました。
均一に並べると標本のような雰囲気に。

ひとつの写真を大きく。インパクトもあり誌面も
まとまるので、章の扉などに使えるレイアウト。

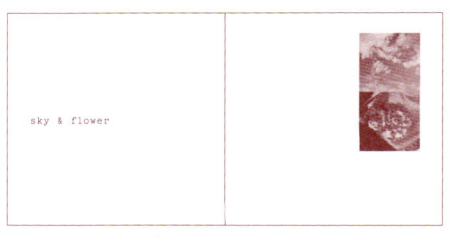

写真を小さく扱い、ホワイトスペースを大胆にい
かして。落ち着いたイメージです。

6. 本作りお役立ちDATA

本を作る上で、基本としておさえておきたいものから、知っておくと便利なデータアレコレ。

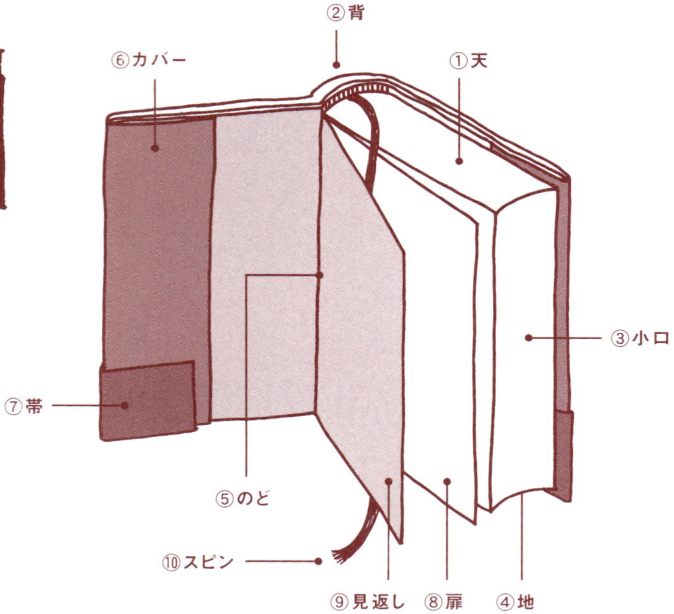

本の各部名称

① **天**:本の上部のこと。豪華な本は金箔が貼ってあるものもあります。
② **背**:表紙の背中部分。タイトルが入ります。
③ **小口**:背の反対側。
④ **地**:天の反対側。
⑤ **のど**:見開きの中央のこと。
⑥ **カバー**:本を保護するためのジャケット。折り返し部分は「そで」。
⑦ **帯**:帯がある時とない時と、両方に対応できるカバーデザインが必要。
⑧ **扉**:書籍の中身の最初のページ。
⑨ **見返し**:本の表紙と中身の間の紙。
⑩ **スピン**:しおりのこと。

用紙のコト

紙のサイズ

規格サイズと規格外サイズでは費用に差がでるので
印刷のコストをおさえたい時は、まずは用紙サイズに注意しましょう。

原紙寸法

A列本判	625× 880mm
B列本判	765×1085mm
四六判	788×1091mm
菊判	636× 939mm
ハトロン判	900×1200mm
AB判	880×1085mm

A列・B列仕上げ寸法

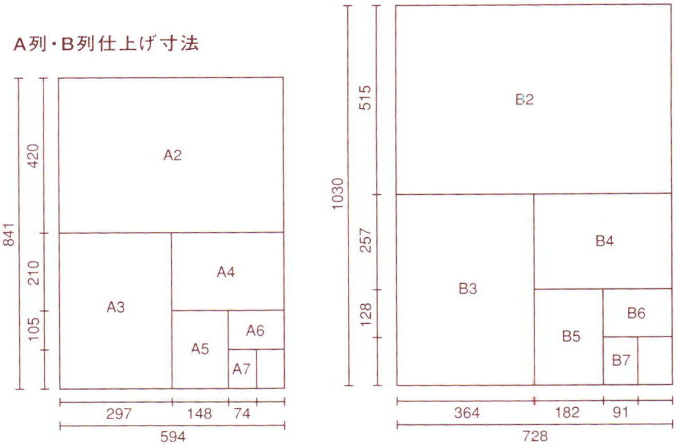

紙の種類

印刷紙の種類は大きく分類すると、光沢性や平滑性、インキ吸収性など高めるために、紙の表面に一定量の塗料を塗布する「塗工紙」と塗布しない「非塗工紙」、そして「特殊印刷用紙」に分かれます。

□塗工紙

光沢の強さ、原紙によって「アート紙」「コート紙」「マット紙」「軽量コート紙」「キャストコート紙」などに分かれます。カラー再現に適した紙で、写真の多いパンフレットやカタログなどによく使われます。

□非塗工紙

「上質紙」「更紙《ざらがみ》」「グラビア用紙」などに分類されます。インキの吸収はあまりよくないので、写真の再現には限度がありますが、ザラッとした自然な風合いがでます。書籍・雑誌向き。

□特殊印刷用紙

「色上質紙」「ファンシーペーパー」など質感や風合いのある特殊な用紙です。扉や見返しなどによく使用されますが他と比べると、割高なものもあるので予算と相談して選びましょう。

6. 本作りお役立ちDATA

面付けの種類

「面付け」とは、製本仕様に基づいて折っていった時に、ページの順番に並ぶよう各ページを配列することをいいます。そして表に8ページ、裏に8ページ全部で16ページの台割になる面付けを「本がけ」といいます。
また片面4ページ、表裏で8ページの場合は「打ち返し」という面付け方法で一枚の紙で2冊分が印刷されるよう配列します。
右開きの本か左開きの本かにより、面付けの方向が変わるので注意が必要です。

□本がけ（1～16P）
縦組み・右開き

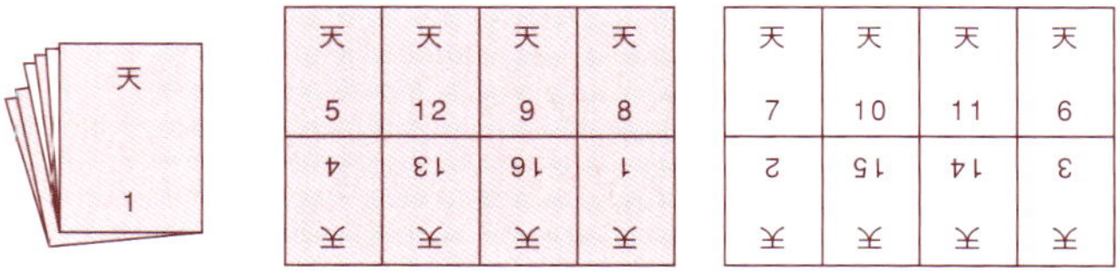

表　裏

□本がけ（1～16P）
横組み・左開き

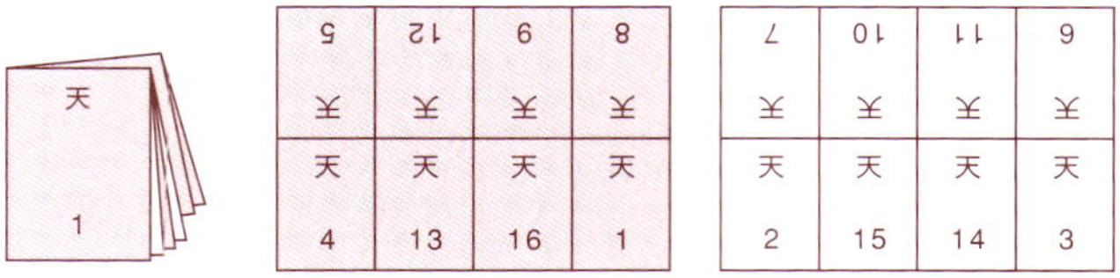

表　裏

□打ち返し（1～8P）
縦組み・右開き

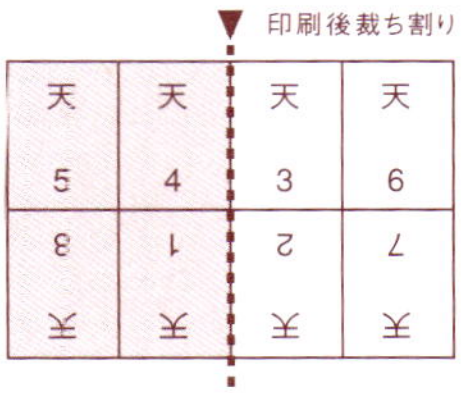

表・裏

□打ち返し（1～8P）
横組み・左開き

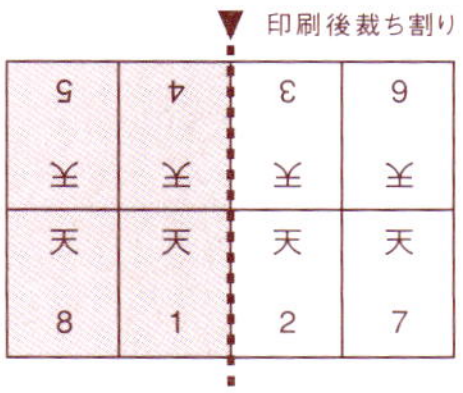

表・裏

折りのコト

折丁の作り方の例

刷り上がった印刷物を折り上げたものを「折丁」といいます。一般的な「回し折り」は16ページのものは、一番若いページを左下に置き、右から左折り、次に時計回りに90度回転させ、右から左へ折ります。16ページの場合は3回折りになります。

□**本がけ（1～16P）・縦組み・右開きの場合**　※（　）内の数字は裏面のノンブル（ページ数）

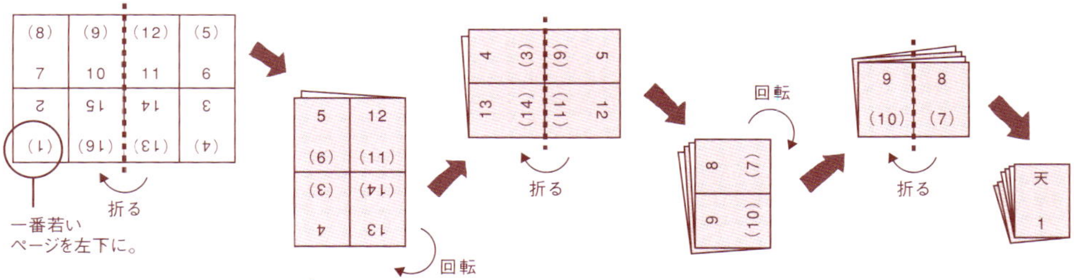

お任せ！ 印刷・製本お助け隊

印刷お助け隊！

写真集を急いで少部数作りたいけど予算が心配。本作りも慣れてません……。

インターネットから簡単注文で本が作れるサービスです。価格も1500円からとお手頃！ フォーマットがあるので、レイアウトもちょちょいのちょい！

PRIDIO
ープリディオー

株式会社 伸和　デジネスファクトリー事業部

福岡県福岡市東区社領2-7-4
TEL092-621-7181　info@digines.jp
http://www.digines.jp

製本お助け隊！

手製本でいろいろ作ってみたいけど作り方がまったくわかりません……。

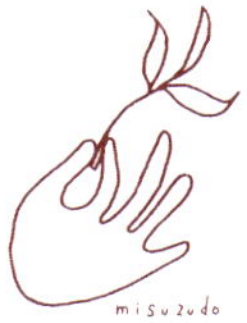

和綴じから上製本まで、いろんな製本のワークショップを開催中！ オリジナルグッズも揃うショップに、併設のギャラリーと足を運ぶ価値あり！

美篶堂《みすずどう》 ショップ・工房・ギャラリー

東京都千代田区外神田2-1-2東進ビル本館1F
TEL03-3258-8181　info@misuzudo-b.com
http://www.misuzudo-b.com

※ワークショップは不定期開催、人数制限有のため、ホームページで事前に確認して予約のこと

Chapter.6 本からはじまるエトセトラ

本を作る以外の楽しみ

せっかく本ができ上がっても
ひとりでこっそり眺めておくだけなんてもったいない!

おいしくできたお菓子は
誰かにあげたくなったり
誰かと食べっこしたり
そんなコミュニケーションが楽しいわけで。

そんな風に
本から何かが生まれることもきっとあるはず。
自慢の一冊で、作る以外の楽しみも見つけてみよう!

1. 本を売る

「配る」と「売る」の大きな違いは手に取る人が「受け取る人」なのか
「お金を払っても欲しいと、むこうから手をのばしてきた人」なのかということ。

そういった意味では、実は「配る」よりも「売る」方が
会ったこともないどこかの誰かが、
あなたのその本を手にするという可能性を広げてくれるのです。

もちろん、お金を生むことも大切。
売り上げを次号の予算にまわせるので本作りを続けていく上では重要なこと。

では、どこでどうやって売るのか？
売り方も様々。まずは売るためのhow toを学びましょう。

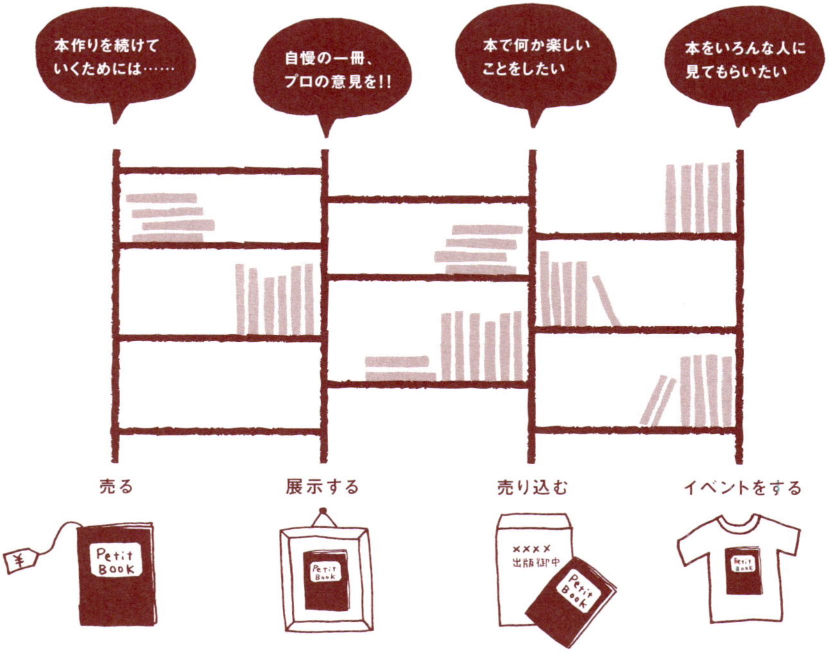

本作りを続けていくためには……
自慢の一冊、プロの意見を!!
本で何か楽しいことをしたい
本をいろんな人に見てもらいたい
売る
展示する
売り込む
イベントをする
¥
Petit BOOK
××××出版御中

1. 本を売る

How to sell?

どうやって作った本を販売するか？　行き当りばったりではいけません。
大事な本をお嫁にやるつもりで、準備と心づもりは万全に！

①値段をつける

まずは値段をつけなきゃはじまらない。**原価の3倍以上**というのが一般的です。お店に卸す場合、通常は**6～7掛け**の金額で卸します。納品・返品時の送料などの経費も考慮して。

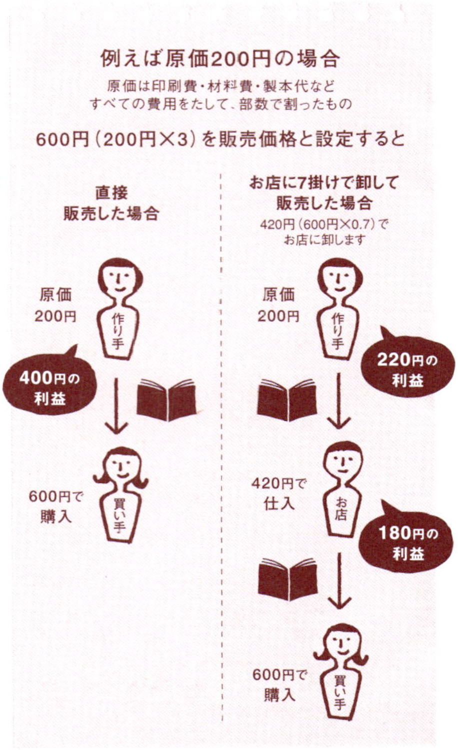

②販売場所を決める

本屋さんや雑貨店さんなど
テイストの合いそうなお店に置いてもらう場合

まずは置いてもらいたいお店に、電話やメールでアポイントメント。見本か、内容のわかる資料を先方に渡します。

OKの返事をもらったら、まずは、**委託**か**買い取り**かを確認します。

委託の場合は、ある程度の期間を設定して、その期間に売れた分を入金してもらいます。売れ残ると返品されてしまいます。買い取りの場合は納品した部数分、売れる売れないに関わらず入金してもらえます。

また、納品部数・掛け率・精算方法、委託の場合は販売期間や返品方法も確認します。送料や入金の振込手数料などの経費を、どちらが負担するかなど細かい点も忘れずに。それぞれ、メールなり書面なりで、後で契約内容を確認できるようにしておきましょう。

お店に卸す際の確認事項

- ☐ 委託 or 買い取り
- ☐ 掛け率（卸値）
- ☐ 納品部数
- ☐ 精算方法と締め日、支払い日
- ☐ 販売期間（委託の場合）
- ☐ 返品方法（委託の場合）
- ☐ 納品時の送料や精算時の振込手数料など費用の負担について

Answer
恵文社一乗寺店 斉藤菜々子さん

恵文社一乗寺店さんに聞きました

置きたいリトルプレス

さてさて、持ち込みといっても
はじめての時はいろいろと不安もあるものですよね。
そしてOKをもらった後の納品時にも失礼のないように
リトルプレスを多く取り揃える恵文社一乗寺店さんに
持ち込みのポイントや納品時の注意点をお伺いしました。

Q1 取り扱いたいと思う本のポイントはなんですか?

A そのリトルプレスの色がしっかりとあって、その上でいろいろ遊び心があるもの。見た目が魅力的で手に取りたくなるもの。そういったオリジナル性がちゃんとあるかどうかですね。

Q2 売り込みのポイントは?

A ご連絡を一度いただいたうえで、見本を送ってもらっています。しっかりとしたコンセプトがあって、それに沿った今後の展開などがわかるような企画書や資料があると、さらにいいと思います。

Q3 納品時の注意点は?

A 繊細な紙を使っているものや、付録などがついているもの、汚れやすそうなものはビニールに入れて販売しているので、サンプルをつけていただけるとうれしいです。値段がきちんと表記されているものはそのまま店頭にだせるので助かります。

Q4 今まで印象に残ったリトルプレスはなんですか?

A 個人的に、『メルボルン』が出た時、とてもうれしかったです。豪華な執筆人、そして真っ黒な表紙に、同人がひとつずつ手押しした銀のコアラスタンプという、少部数のリトルプレスならではの面白さがありました。

Q5 今後どんなリトルプレスに期待しますか?

A マニアックだけど何だか気になるネタを、どこまでもどこまでも追求するような、そんなリトルプレスがもっとあったら楽しいなと思います。どうでもいいけど何だかうれしい知識が増えそうなリトルプレスに期待です!

恵文社一乗寺店
京都府京都市左京区一乗寺払殿町10
Tel & Fax 075-711-5919
http://www.keibunsha-books.com/
info@keibunsha-books.com

1. 本を売る

ネットショップを立ち上げて自分で売る場合

いわゆる直販も、簡単に初期費用も少なく済むのはインターネット販売。お客さんと直接やりとりできるのも醍醐味です。

まず必要なのは、インターネットが使える環境とホームページを立ち上げるためのサーバーやメールアドレスです。ドメインの取得は必須ではありませんが、覚えやすいアドレスの方が浸透性は高いでしょう。

知識がある程度ある人は、ショッピングカートなどのCGIを使って。最近はいろんな機能がついたカートを安く提供してくれるサービスもあるので、利用してみましょう。

初心者の人はひとまず、本の写真や詳細、金額を明記して、注文受付用のメールアドレスにメールで注文してもらうような仕組みを作りましょう。

ネットショップ立ち上げに必要なもの

□ パソコン
□ ネット環境
□ サーバー・メールアドレス
□ ホームページ作成ソフト
□ デジカメ・プリンター・スキャナー など

さらにレベルアップするには

□ 画像処理などに使う各種アプリケーション
□ ドメイン
□ ショッピングカートシステム など

ホームページには、本を作るまでの日記やニュータイトルの告知など、販売以外のコンテンツも充実させましょう。

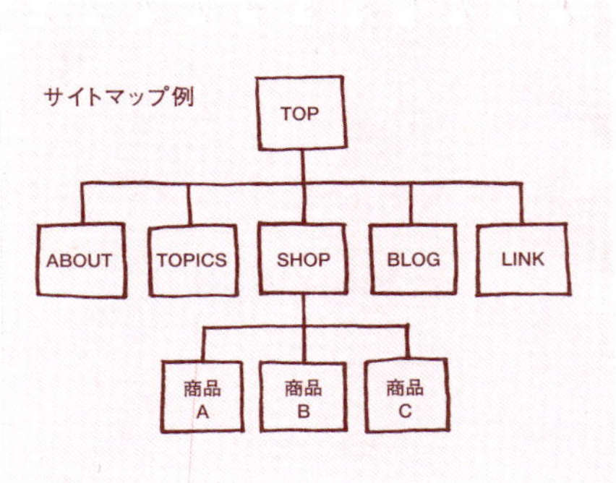

また、通信販売を行う際には「特定商取引法に基づく表示」を明記しなければなりません。商号・責任者名・連絡先・所在地・商品代金以外の必要料金（送料・梱包費など）・商品の引き渡し時期と引き渡し方法・代金の支払い方法・不良品や返品の場合の説明などが必要です。詳しくは経済産業省のホームページで確認しましょう。

http://www.meti.go.jp/policy/consumer/contents1.html

フリマやイベントなどに出店する場合

アート系のフリーマーケットや、本や雑貨を扱うようなイベントに参加して販売します。趣味の近い人達が多く集まりそうなイベントであれば、売り上げも期待できそう。同じようにモノ作りに励んでいる人に出会えることも。

ネット販売の流れ（後払いの場合）

1. 注文

1. メールで注文が入ったら、まずは在庫確認。

2. 在庫確認メール

2. 在庫があることを確認したら、発送予定日をお知らせします。

> メール文例
>
> この度はご注文誠にありがとうございました。
> ご注文いただきました商品は
> 在庫がございますので、
> 明日発送させていただきます。
> 到着までもうしばらくお待ちくださいませ。

3. 書類発行

3. 納品書、請求書、振込用紙など必要な書類を準備します。

4. 梱包・発送

4. 注文内容をもう一度確認して、間違いのないよう慎重に発送の準備をします。本は丁寧に梱包しましょう。

5. 発送のお知らせ

5. 発送したら、発送完了のメールを送って、到着予定日・支払い期限をお知らせします。

> メール文例
>
> ご注文いただきました商品
> 本日発送させていただきました。
> 近日中に到着するかと思いますが
> 万一届かないなど、
> 問題がございましたら
> お手数ですがご連絡くださいませ。
> 到着後、1週間以内に同封の
> 振込用紙でご入金ください。

6. 到着

6. お客さんの手元に本が届きます。届かないという連絡があったら、配送会社にただちに連絡を。

7. 入金

7. お客さんの入金を待ちます。支払い期限を過ぎても入金がない場合は、メールなどで本が届いたかどうかを、まずは確認。届いている場合は「○日までに入金ください」と催促を。

8. 入金確認メール

8. 入金が確認できたら、御礼のメールを送ります。

> メール文例
>
> この度はご注文誠にありがとうございました。
> 入金も確認させていただきました。
> またのご注文を心よりお待ちしております。
> ありがとうございました。

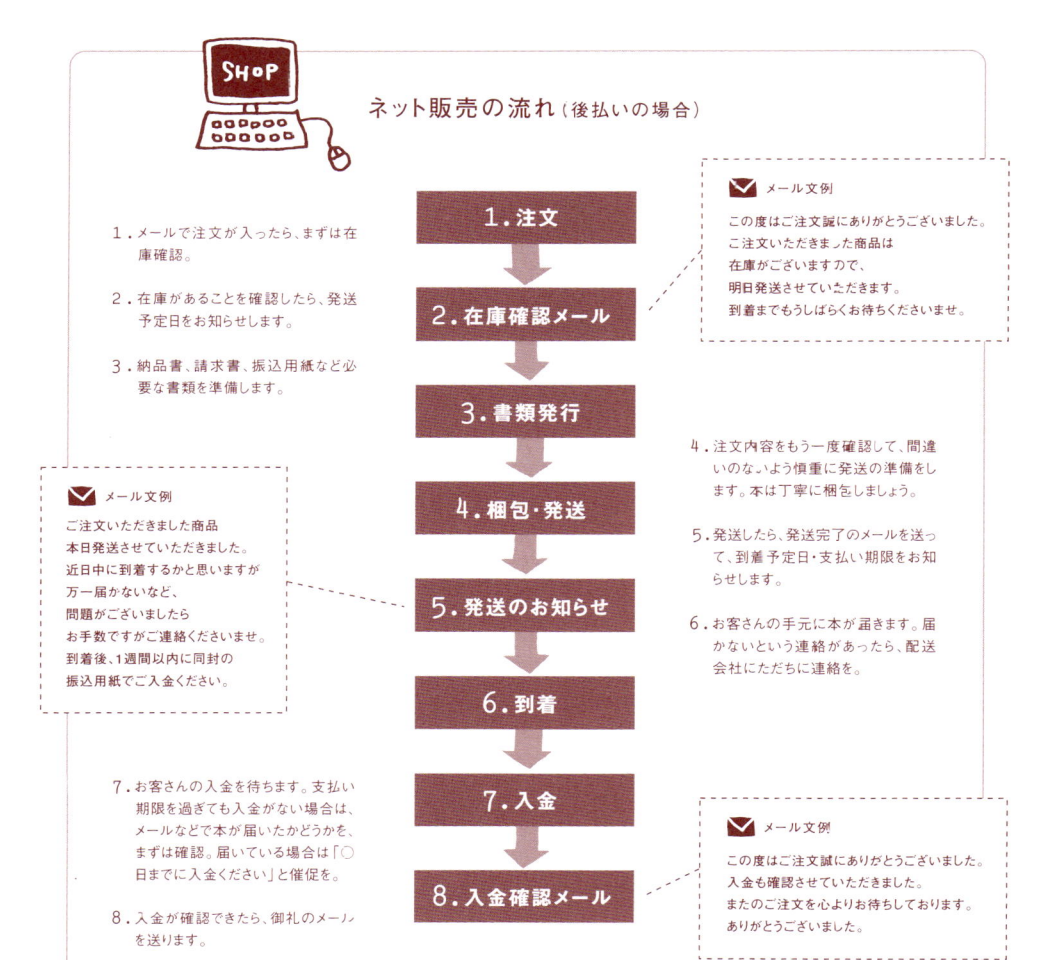

1. 本を売る

ネット販売トラブル回避のための注意点

◎画面上の商品写真と現物の色の違い
パソコンの画面上での色の再現性には限度があります。商品写真の色と実際の商品の色が多少異なることを明記しておきましょう。

◎個人情報の取り扱いは慎重に
商品が売れると、発送先の住所など個人に関する情報を受け取ることになります。こういった情報を流失しないことはもちろん、取り扱いに細心の注意を払いましょう。その旨をホームページ上にも明記しておくと、購入者も安心します。

◎返品に関する明記を
返品を受け付けるか否か明確にしておきましょう。こちらの不備による返品は、送料はこちら持ちで返品・交換を受け付け、お客さんの都合による場合は受け付けないというのが、よくあるパターンです。あとでトラブルにならないためにも、返品の条件はしっかり明記しておきましょう。

◎集金のシステム
お客さんからお金を集金するタイミングを先払いにするか、後払いにするかはそれぞれですが、後払いの場合は、回収できない恐れがあります。また先払いの場合は入金があったら、即発送が理想です。ネットサービスなど利用して、こまめに入金確認ができるようにしておきましょう。

③精算方法を決める

販売を開始するにあたって、お金のやりとりはシビアに！　お店に卸すにせよ、直接お客さんとやりとりするにせよ、商売は信用第一です。大切に作った本の対価です。精算はきっちりと！

まずは、精算方法を決めましょう。お店とやりとりをするにあたっては、振込になるケースが多いので専用の口座を設けると、入金の確認がスムーズな上、売り上げの総額も把握しやすくなります。

ネット販売の場合の入金方法は振込のほか、代金引換やクレジットカード決済など無理のない範囲で、お客さんに選択肢が多い方が親切です。

振込先も銀行・ネットバンク・郵便局と複数あるのが理想です。

また、先払いなのか、商品到着後の後払いなのか、振込や代引の手数料の負担がどちらなのかきちんと明確にしておきましょう。

精算方法
- □ 口座振込（銀行・ネットバンク・郵便局……）
- □ 代金引換
- □ クレジットカード決済
- □ コンビニ払込み
- □ 電子マネー など

④発送方法を決める

発送の費用は、極力おさえたいところ。重量、大きさ、距離に応じて使い分けましょう。

かさばらない場合は、定形郵便物・定形外郵便物、冊子小包（中身が本であることが確認できるようにすると、安い料金で送れます）などで。ただし、途中で紛失しても保障がないため、オプションで「配達記録郵便」（210円）をつけると安心です。

大きな荷物の場合は、ゆうパックや宅配便を利用します。民間の宅配業者を頻繁に利用するなら、値段交渉を受け付けてくれることも。

発送の際には、エアキャップなどで本が途中で傷まないように、丁寧に梱包しましょう。

発送方法

- □ 定形郵便物・定形外郵便物
- □ 冊子小包
- □ メール便
- □ ゆうパック・エクスパック500
- □ 宅配便 など

⑤書類の準備

販売の際に準備すべき基本の書類は「納品書」「請求書」「領収書」の3種類です。取引の内容を確認できるよう、それぞれ控えを手元に残すようにしましょう。市販のものはもちろん、項目をきちんとおさえていれば、オリジナルで制作してもOK。

〈納品書〉
商品を納品する際に使用します。

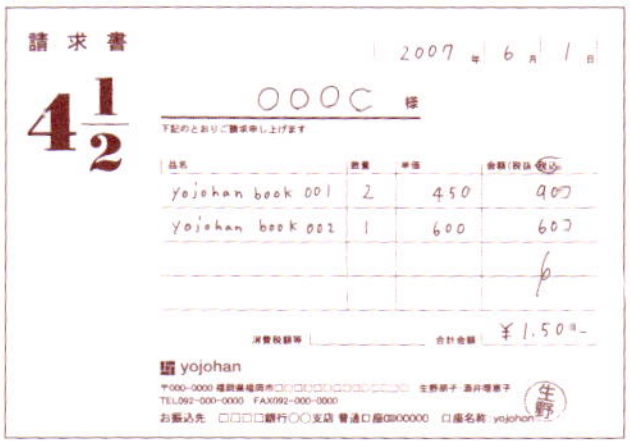

〈請求書〉
代金を請求するための書類です。振込先を記入しておきます。

〈領収書〉
商品代金を現金で受け取った際に発行します。但し書きは先方の希望になるべく応じて。

2. 本を売り込む

出版社などに本を売り込めば、
雑誌などで紹介してもらえることも。
気に入ってもらえれば、
お仕事につながる可能性もあります。
好きな雑誌の出版社にサンプルを送ってみて
チャンスを広げてみては。

3. 本を展示する

作った本をギャラリーやカフェなどで
展示してもらうのも一興です。
感想を書いてもらったり、
販売のスペースを設けてもらうなどして
次の制作につながるように工夫しましょう。

4. 本の内容に関連したイベントをする

レシピの本であれば、
その料理が食べられるイベントだったり
音楽の本の完成パーティーで、
ライブをやってみたり
関連イベントを行うのも楽しみのひとつ。
本を通じて、いろんな人と
楽しい時間を過ごせます。

coromo　ころも
田口ヒロミ 作品集（¥840）

本の形にはこだわらず、半透明の袋に五枚の作品が封入された小さな作品集。一枚ずつ飾ったり、ポストカードとしても利用できたり、シンプルでコンパクトな作り。展示をそのまま持ち帰れるような気軽さも魅力。

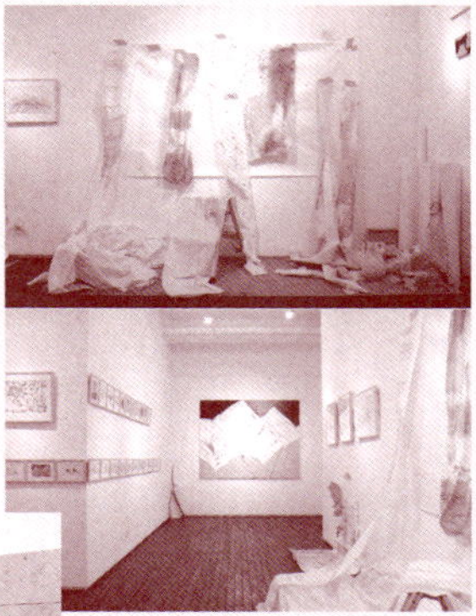

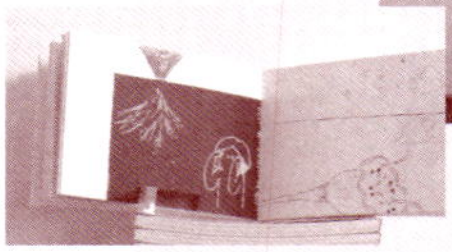

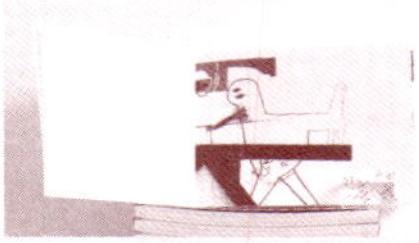

金平
川瀬知代 作品集（¥1800）

個展に合わせて制作したドローイング集。表紙は活版印刷、本文はリソグラフ印刷という簡易でありながら独特の風合いをだす印刷技術を使用。独自の世界観が広がる作品を、日常的に触れることができる本に落とし込むことで、目線を近づけてアートを楽しめます。

本が歩む一歩の大きさ

iTohen・SKKY 角谷慶さん

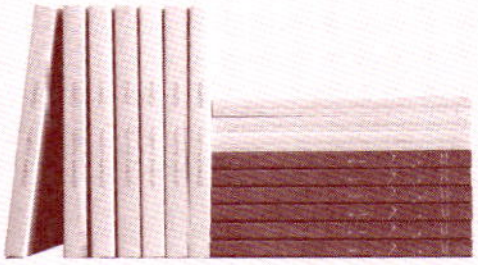

**大阪は本庄西の『iTohen（イトヘン）』。
ギャラリーであり、本屋であり、カフェでもある
この心地のいい空間にはいろんな人が集ってきます。
そして、併設のデザイン事務所『SKKY（スカイ）』では
ギャラリーで行った展示会の作品集も出版しています。
作品と本の関係、本を作ることの意味を
SKKY 角谷慶さんに伺いました。**

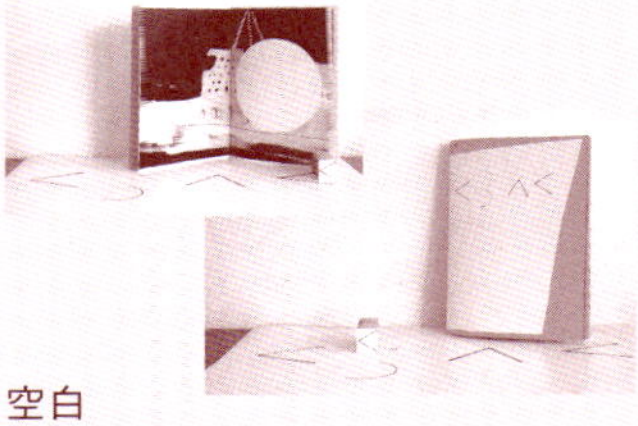

空白
中川貴雄 作品集（¥840）
作家活動のポートフォリオとして制作したもの。
若手作家の後押しを積極的に行っています。

今までにSKKYが出版した本は、展示会の際に作った作品集がメイン。といっても、ぶ厚い図録のようなものではありません。

形も様々で、細長いものや、ヒモで綴じたもの、袋綴じ……作品を本で発表すること以外にも本を作家さんと作っていくこと事体を楽しんでいるかのような作り。

そして何より本の担う役割は「作品とはまた違ったアプローチとして、本はひとり歩きしてくれる」という点なのだとか。

モノとして残るという存在感に加え作家として、今後の活動の大きな原動力になるものとして一冊一冊の一歩は、大きな足跡を残してくれます。長い目で見れば、本はきちんと反応が返ってくる有効なものなのだそう。

そして、彼らの作品がこれからどんな方向に向かうのか、そんな期待感を抱かせてくれるのは「埋もれている才能を引き出したい」という思いが根底にあるから。

本からはじまる一歩に、そんな願いを託してiTohen・SKKYの本作りはこれからもまだまだ続きます。

iTohen・SKKY
**大阪府大阪市北区本庄西2-14-18
富士ビル1階
TEL 06-6292-2812
http://www.skky.info**

本なのに……

本を作る本「Petit Book Recipe」のために
本をいっぱい作りました。

本なのに、形がへん
本なのに、教養も知識も何ひとつ学べない
本なのに、棚におさまらない

だけど
本なのに、なんかかわいい
本なのに、誰かと読みたい
本なのに、ポッケに入れておきたい……

そんな本を作りたくて
作ってほしくて考えたブックレシピです。

おいしいアレンジで、
もっと、本なのに、本じゃない
そんな一冊を作って
にんま～りしてくださいな。

yojohan

Petit
Book

thanks!!

harukaさん（モデル）
カギヤママリさん（スイーツワーク）
久冨隆さん（写真）
丸古真美さん（ヘアメイク）
oshowさん（女へんイラスト）
とんちピクルスさん（tissue 唄・イラスト）
伸和さん（印刷監修）
ゴーイングベルボさん（小道具協力）
こけしマッチ制作所さん（応援）

そして取材に応じてくださった
山村光春さん
恵文社一乗寺店さん
iTohen（SKKY）さん
貸本喫茶 ちょうちょぼっこさん
PROGETTOさん
ユトレヒトさん
南陀楼綾繁さん
美篶堂さん
かっぱ橋道具街さん
リトルプレス取り扱い店さん
リトルプレス制作者のみなさん

どうもありがとうございました

yojohan & アポロ計画

Petit Book Recipe

プチブックレシピ
リトルプレスの作り方

2007年7月7日　初版第1刷発行
2009年1月7日　初版第2刷発行

著者　yojohan（生野朋子・酒井理恵子）　http://www yojohon.com

編者　APOLLO KEIKAKU-inc.（株式会社 アポロ計画）　http://www.apollo-keikaku.com

発行人　中川信行

発行所　株式会社 毎日コミュニケーションズ
〒100-0003 東京都千代田区一ツ橋1-1-1 パレスサイドビル
TEL:048-485-6815（注文専用ダイヤル／乱丁・落丁の問い合わせ先）
TEL:03-6267-4445（編集）　FAX:03-6267-4028
TEL:03-6267-4477（販売営業）　E-Mail:pc-books@mycom.co.jp
ホームページ:http://book.mycom.co.jp

ブックデザイン　yojohan

撮影　久冨隆（ロケットスタジオ）

編集　山本雅之（毎日コミュニケーションズ）

協力　株式会社 伸和（印刷に関する原稿の監修）　http://printing-shinwa.co.jp/

応援　こけしマッチ制作所　http://www.kokeshi-m.com/

印刷・製本　株式会社 大丸グラフィックス

●免責事項
・本書に掲載されている内容などを行ったため発生したいかなる直接的・間接的損害に関して、（株）毎日コミュニケーションズならびに、著者、制作担当者は一切その責任を負いません。そのため、本書を用いた運用は必ずお客さまご自身の責任とご判断で行ってください。

●注意事項について
・本書の一部または全部について個人で使用するほかは、著作権上（株）毎日コミュニケーションズおよび著作権者の承諾を得ずに無断で複写、複製することは禁じられております。
・本書の記載は2007年5月現在の情報に基づいております。そのためお客様がご利用される時には、情報や価格などが変更されている場合もあります。
・乱丁・落丁についてのお問い合わせは、TEL:048-485-6815（注文専用ダイヤル）、電子メール:sas@mycom.co.jpまでお願いいたします。
・本書の内容に関するご質問がある方、あるいは、雑貨や手づくりに関する書籍の執筆・制作に興味がある方（首都圏以外大歓迎）は、電子メール:pc-books@mycom.co.jp、または返信用切手同封の上、出版事業本部編集6部書籍編集1課までお送りください。
・本書中の会社名、商品名は、該当する各社の商標または登録商標です。

定価はカバーに記載してあります

ISBN978-4-8399-2298-6　C2077
Printed in Japan